20世纪
日本思想

20 世纪之怪物
帝国主义

（外一种）

［日］幸德秋水 著

赵京华 编译

生活·讀書·新知 三联书店

图书在版编目（CIP）数据

20世纪之怪物帝国主义：外一种/（日）幸德秋水著；
赵京华编、译. —北京：生活·读书·新知三联书店，2023.9
（20世纪日本思想）
ISBN 978-7-108-07625-0

Ⅰ.①2… Ⅱ.①幸… ②赵… Ⅲ.①帝国主义–研究
②社会主义–研究 Ⅳ.① D033.3 ② D091.6

中国国家版本馆 CIP 数据核字 (2023) 第 059274 号

策划编辑 叶 彤
责任编辑 周玖龄
装帧设计 康 健
责任印制 卢 岳
出版发行 **生活·讀書·新知** 三联书店
　　　　（北京市东城区美术馆东街 22 号 100010）
网　址 www.sdxjpc.com
经　销 新华书店
制　作 北京金舵手世纪图文设计有限公司
印　刷 北京隆昌伟业印刷有限公司
版　次 2023 年 9 月北京第 1 版
　　　　2023 年 9 月北京第 1 次印刷
开　本 880 毫米 × 1230 毫米 1/32 印张 7.5
字　数 147 千字
印　数 0,001 – 5,000 册
定　价 65.00 元
（印装查询：01064002715；邮购查询：01084010542）

"20世纪日本思想"丛书总序

　　日本的20世纪，大致涵盖了大正与昭和两个时期（1912—1989），这是经历了明治维新四十年淬炼而走上成熟现代化道路的一个特殊历史单元。然而，1945年的战败给日本带来了深刻的历史断裂，以此为标志，在民族国家乃至思想文化层面仿佛形成了两个"日本"，而无论是推行帝国主义殖民扩张政策最终遭到惨败的日本，还是战后迎来国家社会重建和经济文化高度发展的日本，这一百年的光荣与悲苦，都给东亚乃至世界造成强烈震撼与冲击。然而，至今，我们对这个复杂的近邻日本依然了解不多，特别是对支撑日本民族走过20世纪波澜起伏的历程的深层观念意识和思考逻辑所知甚少。

　　1945年的战败造成日本民族国家层面的"断裂"是明显的，其中的确有一个从战前天皇制极端主义国家向战后民主市民社会转变的过程，但是，思想文化层面的情形就复杂得多了。我们大概可以用源自19世纪的一般的种族文明论和20世纪初传入的广义社会主义思想，来分别概括日本战前与战后两个阶段的主流思潮，但实际上两者往往是交叉并进、彼此渗透且前后贯通的，构成了 20 世纪日本人思考国家民族进路及个人与社会建构的主要依据。种族文明论为民族主义和右翼国家主义提供了理论源泉，社会主义思想则推动了各种左翼进步势力的改革实践。而两种主流思潮交叉对抗又激荡出种种不同的观念学说和思想派别，由此形成了 20 世纪日本思想的丰富内涵。

能否以这两个主流思潮为线索，将看似"断裂"成两段的 20 世纪日本的思想学术作为一个整体介绍到中国来，由此加深对这一复杂认识对象的理解呢？这是我们多年前就萌生的一个念头，为了深入了解邻国的同时代历史和精神特性，也为了推动中国日本学和东亚区域研究的发展。众所周知，比起近代日本的中国学仿佛在解剖台上从里到外洞穿观察对象般高质量的精深研究来，现代中国的日本学尚不尽如人意，始终未能形成厚重的学术传统。这当然有种种复杂的历史与现实原因，而对于构成日本民族深层观念与思考逻辑的思想学术文献缺乏系统移译和研究，恐怕是一个重要的原因。况且，如今方兴未艾的区域史研究特别是"东亚论述"，也呼唤着关于日本思想学术的深入系统的研究。

20 世纪是一个非常特殊的极端年代。资本主义世界一体化格局的形成，帝国主义征服战争与被压迫民族的反抗和社会革命，导致东亚区域内的各民族在不曾有的程度上被紧紧捆绑在一起，成为矛盾抗争乃至休戚与共的利益攸关方。这是一段你中有我，我中有你，缺少任何一方都无法叙述的历史，思想文化的历史更是如此。而在崭新的区域史和"同时代"视野下，深入开发现代日本的思想资源，也将能深化我们对于自身及与他者关系的认识，由此构筑起区域和平共生的发展愿景。

为此，我们发起这套"20 世纪日本思想"丛书的编译计划。丛书以 20 世纪为限的原因如上所述，主要是考虑发端于明治维新的日本现代思想，到了 20 世纪才真正有了自己的主体特征和独创内涵，并深刻塑造了日本国民的思想方式和精神构造。因此，我们聚焦 20 世纪日本人文社会科学中曾产生广泛的思想与社会影响，包括为各学科发展奠定了基础的那些著作，从中精选若干种而汇成这套丛书。在具体编选过程中，我们主要考虑到这样一些原则。第一，从 20 世纪日本学说史的角度出发，选择具有学术奠基性和理论深度与宽度的著作。而在以历史学、经济学、社会学、政治学、人类学和东洋学六大学科为主体的人文社会科学当中，我们尤其注意人文色彩浓厚而具有思想冲击力的经典著作。第二，在学说史之上我们进而侧重思想史上那些影响广泛、带有观念范式变革和思想论争、文化批判性质的作品，力图由此呈现 20 世纪日本思想发展的内在逻辑和阶段变化。第三，尤其注重一百年来日本学人积极思考自身与中国乃至东亚关系所取得的重要成果，包括战前对于亚洲主义的构筑和战后于反思基础上形成的新亚洲论述，以及学院内外的战前"支那学"与战后中国学等。第四，也适当选择一些直击社会实际问题、带有纪实和评论性质的作品，它们以直接叩问当下的方式促进观念的转变和意识的更新，同样具有重要的思想史意涵。

总之，学术经典性、思想史价值、社会影响力是我们做出判断与选择的基本标准。需要说明的是，某些重要的著作由于已有很好的中译本，为避免资源浪费，虽遗憾而不再收录。同时，受限于知识学养，选目容有罅漏，还望学术界方家指正。

赵京华

2021 年 11 月 30 日于北京

目 录

20世纪之怪物帝国主义

序言

人类历史自始至终是一部信仰与腕力的竞争史，有时信仰胜过腕力，有时腕力压倒信仰。本丢·彼拉多①置耶稣基督于十字架上，是腕力战胜信仰之时；米兰大主教圣·安布罗斯命狄奥多西一世忏悔，则是信仰胜过腕力之际。信仰胜过腕力的时候世界有光明，腕力压倒信仰的时候世界变黑暗。而今，乃是腕力再次胜过信仰的黑暗时代。

当在朝没有一位哲学者能宣讲宇宙的调和，而陆地上却有十三个师团将士的一片刀光剑影；在野没有一位诗人能抚慰民众的忧愁，而海上却有二十六万吨吨位的战舰破浪前进。当家国内部紊乱至极，父子相怨、兄弟相残乃至姑婆相辱之际，东海的樱花之国对外则夸耀自己为世界君子国，所谓帝国主义就是这样的

---

① 本丢·彼拉多，罗马帝国犹太行省总督，在职期间为公元 26 年至 36 年，曾下达耶稣死刑令，生卒年不详。（本书注释均为译者所加，下同）

东西。

友人幸德秋水君著有《20 世纪之怪物帝国主义》一书，此君以少壮之身在今日文坛独树一帜，这是众所周知的。他虽非基督徒，却激烈憎恶世上所谓的爱国心；他未曾游历自由的国度，却是真正的社会主义者。我以能有这样的友人为荣，在此对你给我向世人介绍这部独创著作的机会，表示深深的谢忱。

明治三十四年（1901）四月十一日

于东京市外角筈村

内村鉴三①

---

① 内村鉴三（1861—1930），日本基督教界代表性思想家，无教会主义创始人。曾任东京第一高等中学教师，1891 年因拒绝校长捧读《教育敕语》时鞠躬礼拜，被迫辞职。1897 年担任《万朝报》记者，与次年入《万朝报》的幸德秋水成为同僚。

例言三则

一、东洋风云变幻日甚一日，人们为天下功名而狂热，世间所谓志士爱国者皆怒发冲冠。当此之际，独有一人冷静讲究义理道德，我自知必将遭到不通世事之嘲讽。而我甘受嘲讽，实因为百年来真理、道德不彰而不能不为之忧心。呜呼，知我者唯因此篇，罪我者亦为此篇兮。

二、全篇所言，均为欧美有识之士早已苦口婆心论及之处。以当今之托尔斯泰、左拉、乔治·毛利[①]、布莱恩[②]、倍倍尔等为最，其余则包括极具进步之道义、崇高之理想诸人，皆为此而深思熟虑。故我不敢妄言为"著"，只称其为"述"也。

[①] 乔治·毛利（1838—1922），英国政治家，第一次世界大战之际，反对英国参战。

[②] 布莱恩（1860—1925），美国政治家，1900 年成为民主党总统候选人，反对美国吞并菲律宾，坚持反帝国主义立场。

三、薄薄一册虽未能尽数表达卑见，但我相信可以揭示其纲要。如若能使世间芸芸众生有获得感悟之机会，而为真理和正义有所贡献，在我则足矣。

明治三十四年（1901）四月樱花绚烂之际

于《万朝报》编辑局

幸德秋水

第一章　绪言

帝国主义如燎原之火

盛哉，帝国主义的流行如燎原之火。世界万国均拜倒其膝下，而赞美而崇拜而信奉不已。

君不见，英国朝野之信徒和德国好战之皇帝，都在极力鼓吹之；俄国言此乃自古传来的政策；而法国、奥地利和意大利也喜好帝国主义；甚至大洋彼岸的美国，近来亦仿佛要遵从此道。至于我日本，自日清战役（中日甲午战争）以来社会上下为之狂热，仿佛脱缰的野马一般。

何德何能？

往昔，曾有平时忠^①自赞曰："平姓之外者非人类也。"如今亦有如下之景象：若不信奉帝国主义，则政治家实非政治家，所

---

① 平时忠（约 1128—1189），平安时代末期的贵族，使平家兴隆一时的人物之一。

谓国家者也非国家也。那么，信奉帝国主义的政治家究竟何德何能值得如此尊其为贵——国家也是一样——以至于如此流行呢？

国家经营之目的

盖国家经营的目的在于社会永久的进步，在于人类全体的福祉。经营国家，并非单纯为了眼下的繁荣，而在于永久的进步，并非为了少数阶级的势力，而在于全体的福祉。然而，当今的国家和政治家们所信奉的帝国主义，有多少是为了我等的进步，有多少能够给予我们福祉呢？！

科学知识与文明福祉

我坚信，社会的进步必有赖于真正的科学知识，人类的福祉必有赖于真正的文明道德。而其理想则在于自由与正义，其极致必然归于博爱与平等。不论古今东西，顺之者如枯后松柏而繁荣昌盛，逆之者如春夜迷梦而必将灭亡。帝国主义政策，最终能以此为根基和源泉而使社会迈向理想的极致吗？倘若这个主义真能为人类带来天国的福音，我心甘情愿为之策马扬鞭奋力前行。

然而，不幸的是帝国主义勃然盛行的原委不在科学知识而是基于迷信，并非文明道义而是狂热，并非自由、平等、博爱而是专制、邪恶、固陋和争斗。如果这些恶德在精神和物质上支配了世界万国而无以制止，其流弊将令人不胜心寒。

天使还是恶魔？

呜呼，帝国主义盛行之势，将给我们 20 世纪的天地带来寂寥的净土，还是会使之坠入黑暗的地狱？是进步还是腐败与灾难？天使抑或恶魔？

当务之急

探索帝国主义的本质，这对以 20 世纪之发展为己任的人士，乃是不能不深思的当务之急。不才如我，不揣拙稚而喋喋不休的原因也正在于此。

第二章 论爱国心

第一节

帝国主义者的呼号

高扬我国民，扩张我版图，建设大帝国，发扬我国威，举我国旗使之更加光耀，这便是如今所谓帝国主义者的呼号，他们爱自己的国家情也深厚。英国挞伐南非，美国征讨菲律宾，德国占领胶州半岛，俄国夺取满洲，法国出兵苏丹，意大利在埃塞俄比亚作战。这些便是近期帝国主义所为的显著现象。帝国主义所到之处，无不伴随着军备乃至支撑其军备的外交。

以爱国心为经，以军国主义为纬

如此，我们且看其发展轨迹。帝国主义必定以所谓爱国心为经，以军国主义为纬，以此形成其政策。至少，爱国心与军国主义是目前各帝国主义的共通基础。因此我要说，判断帝国主义的是非利害，首先必须对其所谓爱国心和军国主义加以检讨。

何谓爱国心?

也就是说,必须检讨今日的爱国心或者爱国主义,即
patriotism 究竟意旨何在。我们为什么一定要爱我国家或我国土,
何以不能不爱?

第二节

爱国心与恻隐之念

如《孟子·公孙丑上》所言,见到孺子落井,任何人都会
毫不踌躇地奔去救之。如果爱国之心如救助孺子那样源自恻隐
之念、慈善之心,那么这将是美而善的爱国心,纯洁而没有任何
私利。

然而仔细想来,真正高洁的恻隐之心与慈善之念,绝不能拘
泥于与自家的远近亲疏,正如救助他人孺子之急而不问是自己的
孩子还是他人的孩子一样。因之,世界万国的仁人志士应为德兰
士瓦的胜利和复活而祈祷[1],为了菲律宾的成功与独立而祝福[2],
即使是德兰士瓦的敌手英国人也该如此,即使是菲律宾的敌手美

---

[1] 德兰士瓦,南非共和国东北部的地区。1852 年布尔人在士瓦河以北建立德
兰士瓦共和国。由于金矿的发现,遭到英国的入侵而发生南非战争,结果沦
为殖民地。1910 年成为南非的一个州。

[2] 菲美战争始于 1899 年,终于 1902 年。针对从西班牙统治下要求解放的菲律
宾独立革命,美国当初持支持态度。后因 1898 年与西班牙签署了《巴黎条
约》,美国获得了对菲领有权,由此菲美战争爆发。

国人中也当有这样的人。然而所谓爱国心，果真能够如此吗？

如今的爱国者或国家主义者肯定会嘲骂这些为德兰士瓦祈祷的英国人，以及为菲律宾祝福的美国人没有爱国心。的确，他们可能没有爱国心，然而拥有高洁的同情、恻隐、慈善之念。由此可知，所谓爱国心与救他人之孺子的人心似乎并不一致。

我为这爱国心并非同情恻隐之心而悲哀，因为这爱国心的所爱之处仅限于自家的国土、自己的国人。不爱他国只爱本国者，也便是不爱他人只爱自己的人。其所爱，只在浮华的名誉与利益的垄断。

望乡之心

爱国心又与爱故乡之情相似。爱故乡之情固然可贵，然而亦有相当卑下之处。在踩高跷玩耍的少小之时，谁也不会真正懂得爱那故乡的山山水水。人们萌生怀乡望土之念，实际上要等到懂得有异乡他土之后。当四方漂泊壮志未酬而坠入知人情冷暖之际，人们才会深切追忆起青春少年的快乐而追怀故土。当身体不适他乡风土、饮食不合自己口味，没有知己可以相谈、无以慰藉父母妻小之时，人们才会深深念及故园。与其说他们是因了故乡值得爱而思念，不如说是因为对他乡的忌恨厌恶才如此的。

对他乡之憎恶

不是对故乡淳朴的同情恻隐之心，而是出于对他乡的厌恶。大概，身处失意逆境的众多人士均是如此，他们若不憎恶他乡，也就不曾对故乡有特别的思念。

他们或许会说，望乡之念并非身处失意逆境者所独有，身处得意顺境的人不也有这样的思念吗？当然，这样的情形会有的。然而，得意者的思慕故乡，其心中有更为卑下的东西。因为，他们只是欲向故里的父老乡亲展示其春风得意，而非对乡里的同情恻隐之念，只是为了一己的虚荣、夸饰和竞争心而已。古人云：富贵不归乡，如锦衣夜行耳（《史记·项羽本纪》）。此一语不正烛照出他们卑下的心底秘密吗？

有人大叫：在我家乡设置大学，在我故里铺设铁路！这还尤可谅解。更有甚者高声呐喊：由我县选出总务委员，由我州提拔大臣。他们除了一己的利益和虚荣之外，真有对故乡的同情慈爱之念吗？有识之士和高洁之人洞察秋毫，能不对此有所叹息吗？

天下可怜虫

因此，如果爱国心与望乡之情均有一样的缘由和动机，那么虞芮之争（《史记·周本纪》）不正是暴露爱国者之真相的好标本吗？而蛮触之争（《庄子·则阳篇》）不正是对爱国者的恰当讽喻吗？这真是天下的可怜虫！

浮夸虚荣

于是我想到，不要耻笑岩谷①其人自称国家利益的巨魁，也

---

① 岩谷松平（1849—1920），出生于萨摩国（今鹿儿岛），是最早在日本生产"天狗烟卷"牌香烟并使卷烟普及的实业家。中日甲午战争期间，曾受宫内厅委托生产"恩赐烟草"售与士兵。

不必嘲讽他扬言为东宫大婚纪念美术馆^①捐赠千元却不履行。天下所谓爱国者及爱国心，与岩谷其人也只是五十步与百步之差。爱国心的广告，只是为了一己的利益、夸饰和虚荣而已。

第三节

罗马的爱国心

"Then none was for a party, Then all were for the state."

"没有党派，只有国家。"

这是古罗马诗人夸奖赞美的诗句。然而岂不知，那只是因为他们没有利用党派的智慧。并不是因国家存在之故，而只是由于有敌国敌人的存在才如此的，只因迷信敌国敌人需要憎恶才这样的。

罗马的贫民

我只看到，当时罗马众多的贫民农夫，他们与少数富人一起或追随这些富人，为所谓国家而奔赴战场。我进而看到，他们与敌人战斗，不顾弓箭滚石的危险而英勇奋进，其义勇忠诚甚可铭感。然而我还看到，当他们有幸战胜敌人而全身归来之际，又正是因从军期间所欠下的债务而立刻陷入为奴的深渊之时。在那战

---

① 为纪念皇太子（后成为大正天皇）结婚而修建的美术馆（表庆馆），1908 年竣工。

役期间，富人的田地总有其臣属的奴隶为之耕耘灌溉，而穷人的田亩则只能任其荒废，由此欠债而沦为奴隶。这究竟是谁的过错呢？

他们憎恶罗马的敌国敌人。然而，如果说敌人对他们造成了灾祸，这也绝没有超出作为自己同胞的富人给他们带来的灾祸。由于敌人的存在，他们被剥夺了自由和财产而成为奴隶，如今，难道不是又因为自己的同胞而失去了自由和财产吗？他们可曾想到这一点？

何等的愚痴

富人的战争，可以带来更多的财富和更多的奴隶仆从。而穷人却什么也得不到，只言为了国家而战。他们为国家战斗而坠入为奴的境地，却仍然在追忆讨伐敌人的虚荣，并满足于此。呜呼，这是何等的愚痴！古罗马的爱国心，其实不过如此而已。

希腊的奴隶

我们再看古希腊被斯巴达人所征服的先人 Helot，即所谓奴隶。有战事则当兵，无战事则做奴隶。他们或是因为身体过于强健，人口增长过于迅速，而常常为其主人杀掉。而且，他们为主人征战实在忠勇无比，却从来不曾想到倒戈而获得自由。

迷信的爱国心

何以如此呢？就因为他们以讨伐所憎恶的外国或外国人，即所谓敌国敌人为无上的光荣。他们坚信这是无上的光荣，却不懂得实际上此乃浮夸的虚荣。呜呼，这样的迷信，对于爱国心之浮

15

夸、虚荣的迷信如此坚定，甚至超过喝腐坏之神水的天理教徒。其毒害，亦不亚于天理教。

爱憎的两念

不要怪他们对敌人的憎恶如此强烈。他们不健全而接近于野兽的人生，使他们不懂得同人、博爱。自有人类以来，爱憎的两念便始终如绳索一样缠绕在一起，如锁链一样彼此相连。看看他们的野性状况吧，他们时常猜忌而同类相食，且一朝遇到未曾见过的东西便畏惧恐慌起来，畏惧恐慌又变成猜忌憎恶，猜忌憎恶立刻化成咆哮和攻击，与此前曾彼此相食的同类联手去对抗共同的敌人。遇到共同的敌人，同类之间才有和睦相敬的状态。他们的野性，实际上与爱国心并无关涉。古代的人类，其野性的生活实与此相去不远。

蛮人就是如此同类携手而与大自然抗争、与异族征战，他们哪有什么爱国心。要知道，他们的团结、和睦、同情，只是因为有共同的敌人，只在于对敌人的憎恶，同病始有相怜之心。

好战心是动物的本能

如此来看，所谓爱国心也便是以对外国人的讨伐为荣的好战心，好战之心即动物的本能。而此动物的本能、好战的爱国心，实际上正是释迦牟尼、耶稣基督所排斥的与文明的理想目的不相容的东西。

然而可悲的是，世界人民依然处在这种源于动物天性的竞争之中而度过了 19 世纪，还要以这样的状态跨入 20 世纪的新天地。

适者生存的法则

社会依据适者生存的法则逐步进化发展，其统一的境界和交往的范围也随之扩大，作为共同敌人的异族、异部落逐渐灭亡，他们憎恶的目标也将失去。憎恶的目标一旦失去，其和睦团结的目的也便消失。于是乎，他们对一部落、一社会、一国家的爱心，便演变成对一己、一家、一党的爱心。曾经存在于种族间、部落间的野蛮之好战心，也就变成了个人之间的争斗、朋党之间的倾轧、阶级之间的斗争。呜呼，在纯洁的理想与高尚的道德不得盛行期间，在动物的天性尚不能排除的时候，世界人民不能不有敌人，不能不相互憎恶，不能不相互战争，于是称此为爱国心而将其视为荣耀的行为。

自由竞争

呜呼，欧美19世纪的文明，一方面有激烈的自由竞争，人心越发变得冷酷无情，另一方面则是高尚正义的理想和信仰斯文扫地。我们不能不为这文明的前途心灰意冷。无所作为的政治家、喜好功名的冒险家、乘势获利的资本家见此则大叫，看四周大敌当前，国民要停止个人间的争斗，必须为国家而团结一致。实际上，他们把个人间的憎恶之心转向外敌，以此达到各自的目的。如果人民不从，便责难他们是非爱国者、国贼。

动物本能的挑拨

岂不知，所谓帝国主义的盛行实在是这种手段的泛滥所致。

换言之，所谓国民的爱国心，正是对其动物的本能加以挑拨的
结果。

第四节

对洋人夷狄的憎恶

可以爱自己，可以憎他人，可以爱同乡，可以憎他乡人，神
国日本和中华中国可爱，洋人和夷狄可恨，为了该爱者而讨伐可
憎者，这一切名之曰爱国心。

为达野心的利器

然而，这爱国主义乃是可怜的迷信，即使并非迷信那也是好
战之心，即使不是好战之心那也是浮夸虚荣的宣传广告、兜售品
而已。这个爱国主义，永远是专制政治家实现自己的名誉和野心
的利器与手段。

我们不要以为，这仅仅是希腊罗马的旧梦。爱国主义在近代
的流行和使用，远比古代和中世纪更甚。

明治时代的爱国心

我想到已故森田思轩 ① 草成的一文，主张黄海的所谓灵鹰并

---

① 森田思轩（1861—1897），批评家、新闻记者，生于日本冈山县。曾翻译法
国作家雨果的作品，并根据雨果的人道主义写有大量社会批评的文字。早年
任《邮便知报》记者，后转入《万朝报》。

非神灵，因而天下谴责他为国贼；久米邦武[①]论证说神道乃是祭天的古代习俗，却被免去了教授职位；西园寺侯爵[②]欲推行世界主义教育，反而危及其文部大臣的地位；内村鉴三拒绝对敕语的礼拜，其教授职位被罢免；尾崎行雄[③]提到"共和"二字，其大臣官职被革除。他们均遭到"大不敬"的责骂，而罪名就是非爱国者，这正是明治时代的日本国民其爱国心的表露。

国民的爱国心一旦遇到与自己意见相反者，便要钳制其言论、束缚其思想而干涉其人的信仰。甚至，禁止评论历史、妨碍《圣经》讲读，破坏所有的科学工作。文明的道义以此为羞耻。然而，爱国心却以此为荣誉和功名。

英国的爱国心

不单是日本如此。人们常称近代英国是非常自由的国度、非常博爱与和平的国家。然而，就是这个英国在爱国心高涨的时

① 久米邦武（1839—1931），明治、大正时期的历史学家，生于日本佐贺县。曾为岩仓使节团成员，后编辑出版《特命全权大使美欧回览实记》。因主张"神道乃是祭天的古代习俗"而惹怒神道学家，丢掉了帝国大学教职，史称"久米邦武笔祸事件"。

② 即西园寺公望（1849—1940），曾在明治时期出任首相，是致力于立宪政体建设的公卿出身的政治家。在出任伊藤博文内阁文相期间，推行开明教育，提倡上下平等关系的新道德。

③ 尾崎行雄（1858—1954），自由主义政治家，生于日本神奈川县。曾长期担任众议院议员，积极参加护宪运动，被称为"宪政之神"。1898 年出任大隈重信内阁文相，批判拜金主义风潮。因说日本若实行共和政治，三井、三菱均可成为总统候选人而被视为"大不敬"，遂辞去文相官职。

候，其提倡自由、要求改革、主张普选的人，也总被冠以"叛逆"和"国贼"之名而遭到问罪和责骂。

英法战争

英国人爱国心的高涨，其最近的实例莫过于他们与法国的战争。这场战争始于 1793 年的大革命，后虽有一些间断，却一直延续到 1815 年拿破仑下台才告一段落。其间的思想，与今日英国的思想相距并不遥远。当时，所谓的爱国心与今日的爱国主义在流行过程与方法上，都没什么不同。

所谓举国一致

与法国开战，只此一事，只此一语。不论原因如何，不讲结果怎样，也不谈其利害和是非如何。如果谈论这一切，就必被冠以"非爱国者"之名遭受谴责。改革的精神、抗争的心愿、批评的理念都暂时停息，不，是被禁止了。而国内的党争，也几乎绝迹。柯尔律治虽在战争发生之初提出非议，但后来却要感谢上帝——战争使国民得以团结一致。福克斯①一派始终不渝地支持和平和自由的大义，但见到议会的大势无可逆转，便不再视议会为党派论争的场所。呜呼，当时的英国真是举国一致——我日本政治家和策士们喜欢说的"举国一致"的盛况，也就是罗马诗人所言的"唯有国家"。

---

① 福克斯（Charles James Fox，1749—1806），英国 18 世纪末政治家。曾欢迎法国革命，反对英国对法国的战争。

可是想一想，那时的英国国民其胸中有何理想与道义，有何同情心和"国家"？

英国上下狂热的国民，所怀抱的只有对法国的憎恨，只有对革命的憎恨，只有对拿破仑的憎恨而已。他们哪有一丝一毫的革命精神，哪有与法国人的理想相关联的思想呢？他们只有厌恶法国而拼命想加以侮辱，不仅侮辱还要群起而攻之，并且倾注全力惩罚之。

罪恶的顶点

因此可以知道，针对外国的爱国主义发展到最高潮，也便意味着内政之恶达到了最高潮。而爱国的狂热，即战争期间迅猛发展的爱国心到了战后又处于怎样的状态，则需要我们进一步观察。

拿破仑战争之后的英国

战后的英国，随着憎恶法国的疯狂情绪的减退，还有军费支出的停止，以及欧洲大陆各国在战争中因工业界被扰乱，尤其是仰赖于英国的需求的停止，英国的工农业突然陷入严重的不景气之中，接踵而来的是广大下层人民的穷困和饥饿。此时，那些富豪资本家可有一点点的爱国之心，可有些微的慈悲同情之念，可有举国一致而团结和睦之心？他们转而视同胞的穷困饥饿为沟壑，宛如仇敌一般。他们憎恶下层的贫民，远胜于憎恶法国革命及拿破仑。

贝铁卢

至于圣彼得广场事件①，更是令人切齿。曾经于滑铁卢颠覆拿破仑军队的事情还记忆犹新，而现在却对要求议会改革而集结在圣彼得广场的众多劳动者实行蹂躏和虐杀。那时，人们将此比之于滑铁卢之役而戏称为"贝铁卢屠杀"。在滑铁卢攻破敌军的爱国者，如今一转而于贝铁卢杀害自己的同胞。爱国心者，真是热爱自己同胞的心吗？所谓团结一致的爱国心，征战停息后又对国家国民有何利益可言呢？君不见，打碎敌人头颅的刀锋如今又被同胞的鲜血所染红。

虚伪的团结

柯尔律治曾为因战争使国民团结一致而感谢上帝，然而如今哪里还有什么团结一致！憎恶之心只能再生憎恶，憎恨敌国之心立刻转变成憎恨国人的动物本能，如此而已，即滑铁卢之心立刻变成了憎恨之心。爱国心的团结，是多么虚伪啊！

第五节

再看德意志如何

我们暂时离开英国而把目光转向德国。已故的俾斯麦的确是

---

① 1819 年发生在英国曼切斯特圣彼得广场的屠杀民众事件，事件中死者 11 名，伤者 400 余名。

爱国心的榜样，德意志帝国实在是爱国之神垂迹的灵场。若想知道"爱国宗"的灵验是否昭然若揭，不能不拜拜这灵场。

从我日本的贵族军人学者到世界各国的爱国主义者和帝国主义者，他们时常仰慕的德国爱国心，若与古希腊、古罗马及近代英国的相比，难道不是迷信、浮夸、虚荣的吗？

俾斯麦

已故的俾斯麦的确是胜过历代的豪杰。当他还未成就大业之际，相互分立的北部日耳曼各州，以操同一语言的国民必须统一而结合成帝国这种眼光观之，实在是处在悲哀不堪的状态。将各州打造成团结一致的邦国，俾斯麦的伟大功绩实在光照千秋。然而要知道，这些帝国主义者统合各州的目的，未必就是为了以此带来各州的和平与福祉，他们仅仅是为了武备才这样做的。

早年曾对自由平等的理念有所领悟而羡慕法国革命壮阔历程的俾斯麦，为了阻止蛮触之争、享受协同和平的福利并防备外敌入侵，也曾期待日耳曼的团结统一，这是显而易见的。然而，奈何实际的历史过程绝非其所希望的那样。

日耳曼统一

假如日耳曼的统一真是为了北部日耳曼各州的利益，那么为什么没有把大多数人讲德语的奥地利结合进来？这是因为，俾斯麦之辈的理想绝不在于普通德国人的兄弟团结乃至各州共同的和平福祉，而只是为了他自身——普鲁士的权势和光荣。

无谓的战争

为满足彻头彻尾之好战心而要求团结合作，此乃人之常情。原因在于甲的朋友便是乙的敌人，爱彼则因为憎此，因外国而劳神思虑，并非期望其安宁，而是要夸示自己的霸权。优秀的俾斯麦太懂得其中的人情道理了。他实在是利用这国民的动物天性，而发挥了自己的才能手腕。换言之，为了煽动国民的爱国心而与敌国战争，他压制反对自己的各种观点和评论，为了创建所期望的"爱国宗"而不惜挑起无谓的战争。

作为日耳曼的统一者、蛮力的象征、铁血政策的祖师，俾斯麦深谋远虑的第一个招数就是恣意与最弱的邻国开战。一旦战事告捷，国民中喜好迷信、虚荣、蛮力之徒便纷纷成为他的党羽。实际上，这正是新德意志帝国的团结、新德意志爱国主义的发端。

第二个招数是继续向其他邻国开战。这个邻国要比此前的邻国强大，然而俾斯麦善于趁其不备，并通过这一新战场促使所谓的爱国心和团结精神油然兴盛。这种爱国和团结的运动，又为俾斯麦自己的邦国普鲁士及其国王的扩张巧妙利用。

所谓普鲁士国家

俾斯麦并非出于纯粹的正义，才企图统一日耳曼的。他绝不容许普鲁士在统一过程中遭到解体乃至灭亡。他所容许的只是以普鲁士国王为盟主的统一，也就是给普鲁士国王戴上德意志皇帝的光荣桂冠。有人说，北部日耳曼的统一是一场国民性的运动，然而这种浮夸而迷信的爱国心，难道不是被一个人的野心功名利用了吗？

中古时代的理想

俾斯麦的理想，实际上是中古时代野蛮人的理想。他那陈腐野蛮的计划之所以能获得成功，就在于社会上的大多数人在道德和心理上还未能走出中古时代。众多国民的道德依然处于中古时代的道德水准上，他们的心性仍是野蛮的心性，只不过自欺欺人而以近代科学的外衣掩护着罢了。

普法战争

俾斯麦已经兴两次无用之师，都获得了很大成功。如今，正在为第三次兴师养精蓄锐、等待时机。机会一到，他将再次乘虚而入攻打别的强国。呜呼，普法之间的大战争。此战争乃是危险中的最危险者，凶器中的最凶者。在俾斯麦则是胜利。

普法战争，使北部日耳曼各州拜倒在普鲁士的脚下，使各州一齐奉普鲁士国王为德意志皇帝。俾斯麦眼里只有普鲁士国王，这哪是为了什么同盟国民的福祉？！

由此我敢断言，德意志的统一绝非源自正义的善意同情。跨过德意志国民的成山尸骨和成河血流，如枭雄野兽般完成的统一大业，凭借的是煽动起对敌国的憎恨之心，这一切皆因为醉心于胜利的虚荣，这是大人君子所应为吗？

然而，他们大多数国民也以此为荣，声称我德意志国民乃上帝的宠儿，世界各国望尘莫及。而世界各国的大多数国民亦惊叹：伟哉，国家者就应该如此！日本的大勋位公爵伊藤博文也随声附和：鄙人也要做东洋的俾斯麦！以往均视英国的立宪政治为世界的光荣，如今心意所向忽然转向了普鲁士军队的剑柄。

爱国的白兰地

国民沉醉于国威国光的虚荣，正仿佛一个人醉于白兰地酒。他们已然醉了，耳朵发热而眼睛痴迷，哪里看得到所跨过的成山尸骨，哪里知道所渡过的成河血流的污秽。他们昂然挺进，得意忘形。

柔道家与力士

国民武力强大而善于战斗，获得这样的名声犹如柔道家得到了资格认证，或像获得冠军的力士成了横纲。柔道家与力士在乎打败对手，其技巧手段也仅以此为目的。如果没有了敌手，还有什么利害、什么名誉可言呢？德意志国民的自豪就在于打败敌国，若敌国消失了，还有什么利害、什么名誉存在呢？

柔道家和力士醉于白兰地，人们见到有人夸耀其技能和力量，就更加相信他们有才智、学识和德行了吗？国民醉于战争的虚荣，其他国民见到有人夸饰其名誉和功绩，就可以更相信他们会在政治、经济、教育上带来文明的福祉吗？德意志的哲学值得尊崇，德意志的文学应该敬重，但我绝不能赞美德意志的所谓爱国心。

德意志的现今皇帝

俾斯麦辅佐的皇帝（威廉一世）乃至俾斯麦本人，都已是过去时代的人物。然而，铁血主义依然留存在现今皇帝的头脑之中，爱国的白兰地仍使现在的皇帝（威廉二世）迷醉。这皇帝的喜好战争、压制和虚名，远胜于拿破仑一世，更远远超过拿破仑三世。广大的国民如今依然处在以鲜血换来的团结统一这一美名之下，甘受着年少的专制皇帝的操控。而且，那所谓爱国心依然甚为炽烈。然而，这会是永远不变的现象吗？

晚近的社会主义

君不见，爱国心的弊害已达到绝顶的程度，仿佛麦克白的暴虐登峰造极时森林都为之震撼一样，令人惊恐的强敌不是已经卷土重来了吗？这强敌，并非迷信而是义理道德的，并非中世纪的而是近代的，并非狂热而是有组织的，其目的就在于彻底摧毁他们的"爱国宗"及其大业，这便是近代社会主义。

古代野蛮狂癫的爱国主义，是否会被近代文明的高远道义和理想所压服而最终消失，今后是否依然会有俾斯麦当政时的状况出现，则要等到本世纪的中叶才能见分晓。观德意志社会主义的兴隆以及对爱国主义所发起的激烈抵抗，就可知由胜利的虚荣和憎恶敌国而来的爱国心，对培养国民相互同情的博爱心没有丝毫的益处。

哲学的国民

呜呼，如此哲学性的国民却在各种政治理想中造成了非哲学的事态，这是俾斯麦的一大罪过。如果不曾出现俾斯麦这样的人物，那么不仅德意志，以德意志为宗的欧洲各国的文学、艺术、

27

哲学、道德将会获得怎样的进步、达到怎样高尚的境界啊！豺狼虎豹彼此蚕食的状态依然会存在于 20 世纪的当今吗？

第六节

日本的皇帝

日本的皇帝与德意志年少的皇帝不同。他不喜好战争而看重和平，厌恶压制而尊重自由，他不喜欢为了一国的利益而追逐野蛮的虚荣，他希望为世界带来文明的福祉，而绝不像今日所谓的爱国主义者、帝国主义者。然而说到日本，与上述那种爱国者不一样的国民却寥若晨星。

对古今东西的爱国主义，即那种唯有憎恶敌人并加以讨伐时才得以焕发的爱国心，我无法赞美。因此，也不能不排斥日本国民的爱国心。

已故后藤伯爵

已故后藤象二郎①伯爵曾一度试图煽起日本国民的爱国心，发出国家正处于"危急存亡"之秋的呼号。天下的爱国志士应声而起，如风吹草偃一般。而伯爵突然死去后，大同团结便也消失

---

① 后藤象二郎（1838—1897），日本明治维新前后发起"大政奉还"运动的土佐藩藩士、政治家。曾参与民权运动并加入自由党，在 1887 年"三大事件建言运动"达高潮之际，与同人发起"大同团结运动"，提倡求大同存小异。

殆尽，仿佛春梦一场。当时日本人的爱国心，难道只是爱伯爵之心不成？

并非爱伯爵，乃是出于憎恶藩阀政府之故。他们的爱国心源自憎恶之心，两者仿佛吴越同舟的兄弟一般。可是，这吴越兄弟值得赞叹吗？

日清之役

至日清战争（中日甲午战争），日本人的爱国心发展喷涌磅礴、登峰造极而亘古未有。人们侮辱、蔑视乃至憎恶中国人，其激烈程度难以用言语来形容，上至白发老人下至三尺孩童，大有誓将中国四亿生灵全部歼灭才甘心之念。坦白而言，这与其说近乎疯狂，不如说更接近虎狼之心，俨然与野兽类似。

卓越的兽性之力的夸示

难道这能给日本的国家及其全体国民带来什么利益和幸福吗？如果真有相互同情之心和彼此怜悯之念，会如此吗？人们唯以多杀敌人为快，唯以掠夺敌人财产和瓜分土地之多为乐，唯欲向世界夸示其蛮力的强大。

我皇出师，如古人所言乃是为了膺惩夷狄，必须出于世界和平、人道和正义的目的。可是，如今却为此而煽起爱国心，其本质则是憎恶、侮辱和虚荣。若问日清之役的战果有什么可利于全体国民的，无论有形还是无形，答案难道不是丝毫也没有吗？

装满沙粒的罐头

富豪①一边掷五百乃至千金以奉献兵部，一边又向士兵贩卖混装了沙粒的罐头；军人一边声称不惜一死，一边又盘算着收受商人的贿赂，这就是所谓的爱国心。难怪，野兽般杀伐的本性一旦登峰造极，便必然发生大量的罪行。这岂是皇上出师的最初心愿？日本的军人富有尊王忠君之情，真是可敬佩啊。然而，他们的尊王忠君对于文明的进步和福祉的增多能有多少贡献，却是问题所在。

为了皇上

义和团之事发生之际，日本军闯过大沽至天津一段最险恶的路途。当时，有一士兵哭诉："若不是为了皇上，与其忍受这样的艰难，还不如死去。"听者没有不为之落泪的。我也会为此而哭泣。

这可怜的士兵只言为了皇上，我无法责备他何以不说为了正义、人道和国民同胞。他平生在家庭、学校和兵营中所受教导乃至命令，唯奉献皇上而不知还有其他。斯巴达的奴隶不知有自由、权利和幸福，遭到主人的鞭挞而赴死战场，即使没有战死也要被主人杀戮。然而，他们却自豪地称这是为了国家。我读史常

---

① 指大仓喜八郎（1837—1928），明治、大正时期的实业家，大仓财阀创立者。日本侵略台湾、西南战争、中日甲午战争、日俄战争之际，曾负责军需物资的供应与运输，由此获得暴利。

为他们落泪，如今更为这些日本的士兵而哭泣。

可是，现在已非斯巴达的时代，我皇上重视自由、和平与人道，怎么会将臣子视为奴隶？我坚信，这士兵与其说为了皇上，不如进而言之是为了人道和正义，更能得到皇上的嘉赏，这才真正与尊王忠义的目的相符合。

孝子式的娼妇

为了救助父母兄弟的危难，或有为盗为娼者铤而走险深陷污名，甚至连累父母兄弟乃至门望。这在中世纪以前也许会得到赞美，但以文明的道德来看，虽然其心愿和愚痴值得悲悯，其不义的行为却绝不能宽恕。忠义之心也罢，为了皇上也好，若说是正义和人道并非我所懂得，那实是野蛮的爱国心、迷信的忠义，这与孝子式的娼妇、盗贼有何差异呢？

令我悲哀的是，军人的忠义之念和爱国之心还远远不符合文明高尚的理想，且远远没有摆脱中世纪以前的思想桎梏。

军人与从军记者

这些军人的忠义之念、爱国心虽然旺盛，但对同胞却绝少同情之感，比如，他们对待新闻记者的态度就是一例。义和团之役时，他们遇到从军记者则冷漠至极，根本不顾及记者之缺少食物和没有住地，他们不顾记者生病及生命危险，而扬言此与我有何相干，甚至不惜嘲骂、呵斥，仿佛奴仆、敌人一般。

据说，军人是为国家而战的。从军记者不也是我们国家的一员、同胞中的一人吗？然而他们的爱护之念却如此缺乏。他们所谓的国家，只有皇上和军人自己，却不知还有其他人的存在。

四千万民众翘首以盼，希望能知晓我军的安危，能听到我军胜利的消息。而从军记者出生入死，其目的岂只在于增加报纸的发行量，实为满足我四千万民众的渴望之情。可军人们却以此为无谓，他们对四千万国民可有一点点同情之念?!

眼里没有国民

封建时代的武士，以国家为武士的国家，视政治为武士的政治，却不认为作为士农工商的人民对此有什么权利和义务。今天的军人，亦视国家为皇上及军人的国家，他们虽然声称爱国家，可在他们眼中，除了军人，哪有什么国民？

由此可知，爱国心的发扬只是对敌人的憎恶，而绝非对同胞的爱。

发扬爱国心的结果

压榨国民的膏血以扩充军备，耗散生产性资本而消磨非生产性物质，这促成物价的飞涨而招来输入的过剩，却美其名曰为了国家。爱国心的发扬，靠得住吗？

断送了敌人众多的生命，获得了敌人很多的土地和财产，但政府的年度支出却增加了两三倍，说这也是为了国家，这样的爱国心的发扬，其结果靠得住吗？

第七节

这就是爱国心

我相信，以上所述大概可以解释什么是所谓的 patriotism，即爱国主义或爱国心。实际上，这是一种野兽的本性、迷信、狂热、浮夸，乃至好战之心。

人类进步的理由

不要说这源自人类的自然本性。克服自然发生的各种弊害，不正是人类进步之所在？

水不流动，久而久之则腐坏，这是自然现象。如果加以疏通使之畅通，就可以防止其腐坏，能说这有悖于自然吗？人衰老而患疾病，也是自然现象，对此用药治疗，并不有悖于自然。禽兽、鱼虾、草木，其生任其自然，其死也任其自然。它们的进化乃至退化唯有任其自然，自己则无能为力。如果人类也任其自然而无所作为，那么也就成了禽兽、鱼虾、草木，而非人类了。

人类努力矫正自然的弊害，因此才有进步。能够最大限度地抑制自然发生的情欲，这样的人民才是道德上最进步的人民；对天然之物最大限度地施加人工，这样的人民才是物质上最为进步的人民。实际上，要享受文明的福利，就需要摆脱对自然的盲从。

进步的大道

由此可知，排除迷信而掌握知识，除去狂热而坚持义理，减除浮夸而达到真实，去掉好战之念而回归博爱之心，这才是人类进步的康庄大道。

由此可知，无法摆脱野兽的本性而被如今的爱国心所驱使的国民，其品性卑下鄙陋，无法称其为拥有高尚文明的国民。

由此可知，力图把政治、教育、工商业变成爱国心之牺牲品的那些人，乃是文明的贼寇、进步的敌人乃至人类的罪人。他们试图以虚妄、谬误的爱国心之名义，把从 19 世纪中叶奴隶境遇中解放出来的广大人民再次置于奴隶乃至野兽的状态之下。

文明的正义与人道

因此我断言，文明世界的正义、人道绝不容许爱国心的飞扬跋扈，必定会把爱国心铲除殆尽。但如今，这个值得鄙视的爱国心又进一步发展为军国主义乃至帝国主义，流行于全世界。以下，我将进而观察军国主义如何戕害世界的文明，阻碍人类的幸福。

第三章　论军国主义

第一节

军国主义的势力

如今，军国主义的发展势头可谓史无前例，所费之精力，所耗之财力真是不可计量。军备不仅仅是为了防御一般的外患与内乱，否则根本不需要如此这般的消耗。他们举一国之力为军备扩展而牺牲，毫无反省之意，其原因和目的必定在防御和保护之外。

军备扩展的动机

实际上，另有促成军备扩展的动机，这就是为一种狂热、虚夸和好战的爱国心，如此而已。武人好事多玩弄韬略是为此，提供武器、粮食等军需的资本家获万金巨利亦是为此，英德各国在军备扩展方面尤其着力。然而，武人与资本家的野心之所以能够得逞，其实就在于大多数人民虚荣、好战之爱国心的发作，给了他们可乘之机。

甲国国民说，我希望和平，但奈何乙国国民有侵略的非分之想。而乙国国民也说，我爱和平，但奈何甲国国民有侵略的非分之念。世界各国皆持此说法，岂不可笑至极！

五月人形、三月雏

就这样，各国国民与纷纷夸赞自己的五月人形[1]和三月雏[2]的美丽那样，竞相攀比武力的精锐和战舰的数量。他们仿佛只是竞相攀比，并非真的相信敌人的进攻已经迫在眉睫，或者远征外国乃当务之急。这就像儿戏一般，奈何其中酝酿着令人恐怖的惨祸。

冯·毛奇将军

已故毛奇将军有言，"世界和平的希望只是梦想，而且是并非那么美丽的梦想"。和平的梦想在将军看来很是丑陋，但其实他自有其美梦。将军打败了法国，获得五十亿法郎赔款和阿尔萨斯、洛林两个州的割让。可是，法国工商业却迅速繁荣起来，德国的市场则突然遭到顿挫。见此，将军赫然愤怒了。这可是将军美梦的后果？这美梦的后果难道不是非常丑陋吗？

---

[1] 五月人形，日本从江户时期逐渐发展而成的武士人偶，因与五月端午有关，被称作"五月人形"。

[2] 三月雏，日本的女孩节人偶。

野蛮人的社会学

然而，毛奇将军再次以漂亮的武力给法国以沉重的打击，他屡败屡战而再做企图。这正是毛奇以武力的胜利促成国民富强的政治手段。如果以这样的心术作为 20 世纪国民的理想加以崇拜，那么我们何时才能脱离野蛮人的伦理学和社会学呢？

"小毛奇"的辈出

可是，作为军国主义盛极一时的结果，毛奇将军却成了当代的理想乃至模范。"小毛奇"于世界各地如雨后春笋般涌现。东洋的一个小国里，"小毛奇"们也在昂首阔步。

他们嘲笑提倡限制军备的尼古拉二世是梦想者，辱骂和平会议滑稽可笑。他们平常也说希望和平，但又强调军备是好事和战争所必需。我必须谴责他们观点的矛盾，在此先来问问社会之所以需要军备和战争的原因吧。

第二节

马罕大佐

因通晓最近军国事情而著称的莫过于马罕大佐。他的大作作为英美各国军国主义者、帝国主义者的权威读物，大有洛阳纸贵之势，我国士人中亦有很多爱读此书，这只要看看其译著广告的频繁出现，就可略知一二。我相信，要论军国主义首先征引他的观点，将是方便而适宜的。

军备与征兵的功德

马罕大佐论述军备与征兵的功德，相当巧妙。他说：

军备在经济上使生产萎缩并给人的生命与时间带来不利乃至毒害，这样的论调每天充斥于我们的耳中，没有必要再加说明。

然而，从另一方面来看，其有益之处不是已经大大补偿了其弊害吗？当社会上权力衰微而纲纪废弛的时候，将年少的国民投入兵役这一学校去习得秩序、服从与尊敬，使其身体有组织地发育而养成克己、勇敢的军人素质，难道就没用吗？使众多的少年离开街头巷尾而成为一个团体，教导他们在有高等智慧的前辈参与其中的群体里养成共同行动及尊重宪章法规之权威的习惯，之后回到家中不是很有用处吗？特别是在当今宗教颓败的时候。试比较一下刚刚接受训练的新兵的态度和举止，与已经受到充分训练而在街上列队的老兵的体格容貌，就会充分了解他们之间优劣差距是多么大。军事训练对他们日后活泼的生计活动绝非没有好处，至少比起在大学消耗的岁月来有益而无害。正因为各国之间相互尊重其武力和平才得以确保而战争的可能性减少，即使有偶尔的冲突，其发展过程也很短暂，其平定亦非常容易，这能说没有什么用处吗？盖战争在百年以前是一种慢性的疾病，而今则极为少见，即使发生也属于急性的发作。故而应对急性战争的突发而做准备，即出于善良意愿的战斗之心并不失原本的善与美，而且这战斗之心也远比以往的佣兵要更加充沛旺盛。总之，如今国民即士兵，而非单纯从属于某一君主的奴隶。

马罕大佐的话真是巧妙得很啊，但我却发现有违背逻辑的地方。

战争与疾病

如果对马罕大佐的论述加以剖析，你会感到非常奇怪。他说，学习战斗的技法可以培养守序、尊敬、服从的德行，而在像今日这样权力衰微、纲纪废弛的时候尤其必要。又说战争是一种疾病，百年前是慢性疾病，如今全民皆兵故战争减少了，偶尔有之也是急性的，而在此健康的时代有必要时常防备其急性发作。就是说，马罕大佐认为国民患战争慢性病的时代乃是有秩序而纲纪严正的时代，健康的时代则是"纲纪废弛""宗教颓败"的时代。这不是非常奇怪吗？

权力衰微与纲纪废弛

马罕大佐所说的权力衰微和纲纪废弛，指的是社会主义的发生。不必说，这是虚妄之言。然而，即便与百年前相比说如今纲纪废弛了，假设社会主义者要破坏现存社会的秩序和权力，从而导致了纲纪废弛和宗教颓败，那么征兵制和军事训练果真就遏制得了吗？我们且来看看事实。

革命思想的传播者

驰援美国独立战争的法国军人，后来在法国大革命中不是成了既成秩序的破坏者吗？攻入巴黎的德国军人，其后也成了德意志各州革命思想的有力传播者。采用现时欧洲大陆征兵制的各国军队，作为社会主义的大学校已然成为培养对社会不满的地方。我期待社会主义思想的兴盛，如果军队能够养成这种思想当然好，因此我并不是排斥兵营存在的人。但我们必须知道，马罕大佐所谓操练士兵可以养成他们服从与尊敬上级的美德，则实在是虚妄谬误之言。

恺撒的军队面对其国家的秩序可曾有尊敬之心？克伦威尔的军队当初为了国会剑拔弩张，国会也因此而遭颠覆。然而，他们只知道有恺撒、克伦威尔，根本不懂得有什么国家的秩序纲纪。

战争病的发生

人们接受军事训练，单纯是为了善良的目的而战斗的吗？是为了所谓急性病的治疗吗？即便如此，他们得到百年的治疗期，以训练始而以训练终，时间如此漫长，他们忍受得了吗？他们必定是心甘情愿使自己患这样的疾病了。

征兵制与战争的数量

全民皆兵而非王侯的奴隶，的确如此。然而，说这使各国国民相互敬重其武力，甚至于导致了战争的减少，则实在是虚妄之言。在古希腊及意大利均采用全民皆兵制，他们不是王侯的奴隶，战争也并非所谓的慢性病。以佣兵征服弱国，比起纯粹的征兵更有方便之处，然而全民皆兵的征兵制绝不能防止战争的发生或使之减少。拿破仑的战争采用征兵制，近代欧洲的奥法战争、克里米亚战争、普奥战争、普法战争、俄土战争，不都是在征兵制之下产生了极其惨烈的后果吗？

如果说近来两国之间棋逢对手的战争之所以会迅速结束，那也不是因为国民受到了完整的军事训练，而仅仅在于战争的后果惨烈至极，或者是源于对人道的反省。

战争减少的原因

如果说1880年以来棋逢对手的两国间的战争几乎绝迹了，那也并非因为两国国民的相互敬重，而只是洞察到战争结局的恐怖而对其疯狂愚昧有所觉悟罢了。德法两国因知道战争将造成双方的同时毁灭才及早收手的，沙俄帝国更懂得与一等国开战将造成自己破产和衰败的结果。

强国之间的不可开战只因为如此，征兵训练并不能达到培养敬重心的目的。请看，他们如今不是大举将武力转向亚洲、非洲了吗？他们通过军事训练，反而煽动起炽烈的虚荣心、好战心和野兽的本能。

第三节

战争与文艺

军国主义者说，正如铁经过水火的淬炼才能成为利剑一样，人若没有经历战争的锻炼绝不可能成为伟大的国民。艺术、科学和制造工业若没有战争的鼓励和刺激，很少有达到高境界的，古往今来文艺的大发展时代多在战争过后的时期。例如，古希腊伯利克里的时代、但丁的时代，还有伊丽莎白时代。我记得，提倡召开和平会议①的时候，英国一位有影响的帝国主义者曾提出此说。

当然，伯利克里、但丁、伊丽莎白时代的人民都知道战争。然而，古代的历史几乎就是由一连串的战争贯穿下来的，并非只是某一特别的时代经历了战争，其他时代也一样，但是他们的文学受到了某特定战争的滋润了吗？因此，要证明文学在战争之后迅速兴盛，或者与战争相关联是其一贯特征，则难免牵强附会了。

古希腊各城邦中，好战而善于战争的莫过于斯巴达。然而，这斯巴达最终有什么技术、文学、哲学上可传诸后世的东西吗？英国亨利七世（1457—1509）和亨利八世（1491—1547）时期，在经历了接踵而来的激烈内乱之后，也没有出现丝毫的文艺发达的景象。伊丽莎白时代的文艺复兴乃是远在与西班牙无敌舰队征战以前就有了征兆，而斯宾塞、莎士比亚、培根也绝非因这一战争才出现的。

---

① 大概指 1899 年在荷兰召开的第一届海牙和平会议。

欧洲各国的文艺学术

三十年战争，导致德国的文学和科学一度消沉而萎靡不振。路易十四继位时兴盛起来的法国文学与科学，因其穷兵黩武而衰败至极，直到其晚年才又迎来了复兴。因此，法国文学的兴盛与其说在战胜的时候，不如说更在其艰难衰败之际。如果把近代英国作家丁尼生、萨克雷的文学与达尔文的科学，都归于克里米亚战争的胜利，任谁都会发笑的。而若要把俄国托尔斯泰、陀思妥耶夫斯基、屠格涅夫的文学归因于克里米亚战争的失败，也同样会贻笑大方。德意志的各大文学家并非产生于普法战争之后，而是在此前的时代；美国文学的全盛期也不是在内战之后，而是在那之前。

日本的文艺

日本的文艺也是兴盛于奈良、平安而衰落于元宝、平治时期，经过北条的小康时期又稍有复兴之势，而在元弘以后的南北朝经应仁之乱至元龟、天正年间，几乎归于湮灭，只有五山僧侣的文学维持了一线命脉。通晓历史的人，大概对上述说法没有异议吧。

因此，如果说文艺在战争之后会兴盛，那也只是因为它在战争期间受到压抑和阻碍而在战后的太平时代得以复兴，绝非战争促进了文艺的发展。紫式部、赤染卫门①、清少纳言等可曾受到

---

① 平安时代中期的女歌人，生卒年不详。

什么战争的感化？赖山阳①、龙泽马琴、风来山人②、巢林子③等，可曾得到什么战争的鼓舞？森鸥外、坪内逍遥、幸田露伴、尾崎红叶与战争有何干系？

我所见到的是战争如何阻碍了社会文艺的进步，但还没有看见对其发达有什么帮助的。日清战争中出现的军歌"膺惩清朝"，我实在无法将其看作是真正的文学进步。

武器的改良

刀枪炮舰的改良进步使其越发坚固和精锐，这或许源自战争之力。然而，这些都是科学与工艺进步的结果，难道不是和平所赐的吗？假设以此为战争本身的功劳，其发明、改造对国民可养成高尚伟大人格的知识与道德，又有什么贡献呢？

军人的政治才能

军国主义绝非有助于社会改良和文明进步的东西，战斗的训练和军人的生活也绝不能在政治、社会上增进人们的智慧。为了说明这一点并获得进一步的证据，我将进而证明，古来赫赫有名的军事英雄作为政治家其才能和文治的成就是多么可怜。

---

① 赖山阳（1780—1832），江户时代后期的儒学家，著有《日本外史》等。
② 平贺源内（1728—1779），江户时代中期的博物学家、游戏作家，号风来山人。以净琉璃《神灵矢口渡》、谈议本《风流志道轩传》《放屁论》等著称。
③ 近松门右卫门（1653—1724），江户时代中期的剧作家，号巢林子。有作品《心中天网岛》等。

亚历山大、汉尼拔、恺撒

在古代，亚历山大、汉尼拔、恺撒三人乃是豪杰中的豪杰，这是孩子们都能记住的名字。然而，比起他们造成的破坏，其建设的能力却丝毫也没有。从政治学的眼光来看，亚历山大的帝国乃是一个不可想象的存在。他只是暂时取得了社会政治上的征服大业，但旋即便分崩离析，此乃再自然不过的事情了。汉尼拔的军事战略和智谋威压意大利十五年，使罗马人不敢对其仰视，但是，他却不能拯救迦太基病入膏肓的腐败。恺撒临阵勇猛无比如饿虎，可是在政坛上却执政无能如盲蛇，使罗马民政陷于堕落而成为万民的怨府。

源义经、楠木正成、真田幸村

源义经①、楠木正成②和真田幸村③都善于战争，但谁能相信他们有什么政治手腕呢？如果他们完全凭军人的素质立于政坛的话，最终能够像北条氏、足利氏、德川氏那样分别开创九代、十三代、十五代的基业吗？

---

① 源义经（1159—1189），又名源九郎义经，日本平安时代末期的武将。

② 楠木正成（1294—1336），日本南北朝时代的武将，1331年应后醍醐天皇之诏举兵在千早城与幕府大军开战，后于建武政权下担任河内的国司和守护。

③ 真田幸村（1567—1615），原名真田信繁，俗称真田幸村，安土桃山时代的武将。

项羽与诸葛亮

打胜大小七十四仗的项羽，结果不及约法三章的高祖（刘邦），诸葛亮的八门遁甲，最终赶不上武帝（曹操）的《孟德新书》。联络社会的人心乃是天下太平之道，而天下太平之道的获得不在拔旗斩将的武力，而在别的方面。

腓特烈大帝与拿破仑

近代武人当中取得政治上的功绩者，有腓特烈大帝和拿破仑二人。然而，腓特烈从一开始就极其厌恶武人的生活，其学习战斗技法的过程是十分痛苦的。因此，他并非合格的军国主义理想之代表。就是这样的腓特烈大帝，也未能在死后留下牢固的基业。拿破仑的帝国更不待言，仿佛两国桥①上的烟花一般忽现忽灭。

华盛顿

华盛顿是真正的贤者，正所谓在外是名将在朝为宰相之人。但是，绝不可视其为纯粹的武人。他参与战事，乃是迫于偶然的时运不得已为之，绝非自己喜欢戎马生涯。

美国的政治家

值得注意的是，美国有军事素养的人士不曾被列入杰出的政治家之列。作为军人最早成为美国总统的是安德鲁·杰克逊（第

---

① 两国桥，东京东部隅田川上架设的桥梁，是江户时代以来放烟花的名胜之地。

七任总统），而军人猎取官职的事情也正始于这位总统。

格兰特将军，是晚近的武人中最值得尊敬的一位，但作为总统（第十八任总统）其成就却十分糟糕，即使对他所率领的政党成员来说，这也是不争的事实。尽管有忍耐和认真的品格，但非常遗憾，他未能将军事上的技能手段转用于文治方面。

格兰特与林肯

我以为林肯通晓军事，其战略谋划乃是其他军官所难以企及的，但这也只是偶然遇到的真正大政治家又兼通军事的一个例子而已，不能作为军事训练可以养成大政治家的愚蠢论据。正如孔子所言"有文事者，必有武备"（《史记·孔子世家》），华盛顿和林肯便是如此。不过，有武备者未必有文事的能力，格兰特将军就是例证。

纳尔逊与韦尔斯利

英国近代功名盖世且被尊为军人理想和军国主义崇拜对象的，在陆上有韦尔斯利，在海上则有纳尔逊。韦尔斯利的政治手腕自然在凡庸的政治家之上，但绝不是经营一时代而指导万众之才。例如，铁路公司要向下层民众贩卖低价车票，但他却说"下层民众没有旅游全国的必要"，因而遭到众人的反对。

山县有朋、桦山资纪、高岛鞆之助

转而来看我国的情况，有没有身为军人又具备值得赞赏的政治家手腕的呢？例如，被视为东洋的毛奇、纳尔逊、韦尔斯利而受到崇拜的山县有朋①、桦山资纪②、高岛鞆之助③，他们在明治时代的政治史、社会史上有什么值得称道的业绩吗？他们难道不正是干涉选举、贿赂议员而使社会人心腐败堕落达到顶点的始作俑者吗？

我绝不是恣意谩骂军人的那种人。我知道，正如在农工商各界有智者贤人存在一样，在军人当中亦有智者贤人在。对于他们，我会毫不犹豫地表示尊敬。

军人中的智者贤人

但是，这些智者贤人绝不是经过了军事训练或战争才诞生的。他们纵使手中没有刀枪、肩上没有肩章、胸前没有勋章，也一样能够成为智者贤人。不管他们如何智慧、怎样贤达，其军人的职务、军人的教育结果，对社会整体而言却没有带来什么益处。

不要讲什么统一纪律，杀人的统一有何值得尊敬的？不要讲什么服从纪律，压抑才能的纪律有什么值得尊敬的？不要说什么磨砺勇气，破坏文明的勇气有什么值得期待的？！这些纪律、统一、勇气，待他们跨出兵营一步之后，便消失得无影无踪。所剩

---

① 山县有朋（1838—1922），日本近代军事家、政治家、公爵。曾为长州藩藩士，明治维新后创立日本陆军，任首相。甲午战争时为第一军司令，日俄战争时任参谋总长。

② 桦山资纪（1837—1922），日本海军大将、伯爵。因西南战争有功成为海军相，甲午战争时为军令部长，后出任第一任台湾"总督"。

③ 高岛鞆之助（1844—1916），日本军人、子爵，历任陆军大臣、枢密院顾问官等。

的，不过是盲从强者、欺凌弱者的蛮风恶习而已。

第四节

军国主义的弊害

军国主义和战争不仅不利于社会文明的进步，反而有令人恐怖的戕害文明的弊害。

古代文明

军国主义者强调，古代文明乍现于历史的时候，都是军商结合与统一的社会。他们举古埃及和古希腊为例，试图证明军备促进了文明的发展，然而他们的观点是错误的。我相信，如果埃及不曾堕入武力征服和军备生活，那么其国家的繁荣将持续几百年，它的命脉甚至可能维持几千年。因此，对于古希腊有特别值得思考的价值。

古希腊的军事武备，各城邦并不一样。斯巴达坚持彻底的军国主义，其生活就是练兵、其事业唯有战争。如前所述，斯巴达对文明没有任何值得一提的贡献。至于雅典，则没有达到斯巴达那样的程度。伯利克里说，我等并不以练兵来自苦，然而一旦有事我们的勇气绝不颓丧，与那些为应付战争而每时每刻都在练兵的人相比，我们也绝不处于弱势。这难道不是最大的益处吗？那么，近代军国主义者是选择斯巴达还是雅典呢？

他们即使再冥顽不化，也不至于抛弃丰盈的雅典文明而去赞成斯巴达野蛮的军国主义吧。然而，与军国主义者的观念相比照，斯巴达正与他们的终极理想相符合，难道不是这样吗？

伯罗奔尼撒战争之后的腐败

军国主义者或曰，我们并不希求达到斯巴达那样的程度，只是想效仿雅典的军国主义，以臻于美与善。当然，与斯巴达相比雅典还是差了许多。试想，雅典的军备对政治的改良可有什么效果吗？他们除了煽动起市民的战争之外，还有什么别的利害与益处可言呢？他们发动伯罗奔尼撒战争三十年，战争结束后军国主义的益处与功绩却没有得到发挥，相反只是导致了腐败与堕落。

塔西佗的如椽史笔

伯罗奔尼撒战争完全破坏了希腊人民的道德和信仰，义理也遭到了毁灭。我们有必要看看其悲惨的状况达到了怎样的程度。这里，我们要借助塔西佗流传千古的如椽史笔加以说明。

他这样描述道：

> 各城邦的骚乱一旦发生，革命精神的流行就像驿站传令一般，现有的物品纷纷遭到毁坏，大有不破坏殆尽不肯罢休之势，其意图越来越暴乱，其复仇越来越惨烈。言辞的意义与实际的表达对象已经没有什么关系，他们只是想当然地加以篡改变更。暴虎冯河的行为被称为勇气，思虑缜密被视为懦弱者的借口，温和被看作软弱的表现，万事通成了一事无成者。疯狂的精力被视为男子汉的本性。……喜欢狂暴的人

得到信任，反之则遭到嫌疑……一开始就不善于党徒阴谋的被视为挑拨离间者和害怕敌人的胆小鬼……以丑事构陷他人的得到赞叹，煽动良民做恶事的进一步得到称许……仇恨成为群起而尊崇的东西，各党派之间的团结一致只存在于其势力不强的时候。在压倒其他党派方面，他们奸计暴行无所不为，令人恐怖的复仇恶性循环导致新一轮的复仇……如此这般的革命，酿成了希腊人的所有恶德。高尚天性之一大要素的质朴被付之一笑而几乎绝迹，到处燃起丑陋的争斗心。没有人能用言辞来缓和彼此的冲突，也没有人能够以誓言使其产生信仰。……拥有卑劣才智的人却成了最大的成功者。

呜呼，这难道不是在古代最大文明国且所有市民皆经军事训练的地方所产生的战争后果吗？而这战争，正是军国主义者所赞美的战争。我日本的军国主义者们，当看到日清战争后的社会心理状态与此正相仿佛的时候，一定会感到心满意足了吧。

且看罗马

我们再来看罗马。罗马的勇猛奋战夺去了意大利各州（"城邦"为现在更通行的用法——编者）的自由，结果养成了罗马市民怎样的品性与美德呢？国家的内部成了悲惨的屠杀场，盖乌斯·马略、苏拉出而执掌政事，民政共和的国家变成贵族专制国，自由的市民变成了奴隶。

德雷福斯大疑案

最近震惊世界的法国德雷福斯大疑案，正是军政腐蚀社会人心的一个显著例证。

请看，那审判的暧昧糊涂，处分的粗暴潦草，其间流言蜚语的奇怪丑恶，甚至使世人猜疑法国陆军内部已被恶人所充斥。难怪，军队组织中恶人及其暴行一旦得逞，就会比一般地方更容易将正义的人物也变成蠢货，其危害也远远大于社会其他部分。因为，陆军内部乃是压制和权威的世界，上下各级等级森然，是一个讲服从的世界，根本没有什么道理可言。

司法独立并不完备的东洋各国除外，如此粗暴的审判，如此蛮横的宣判，也只有在陆军内部乃至军事会议中才能见到。实际上，如果是在普通法院绝不可行，这也是一般民法刑法绝不允许的行为。

左拉拍案而起

成千上万雄赳赳气昂昂的官兵中，却无一人为德雷福斯鸣不平而要求重审，人们宁可错杀一名无辜者也要隐瞒陆军的丑恶。此刻，左拉拍案而起，他以如火如花的文字将淋漓的热血浇灌到法国四千万民众的头上。

堂堂军人与市井文人

那时，如果左拉沉默不语，法国军人也就一言不发，则德雷福斯一案的重审将永无希望。那些军人的可耻与没有仁义勇气，实不如市井民间的一介文人。在此，所谓的军人之训练真是一钱不值。

孟子说"自反而缩，虽千万人，吾往矣"（《孟子·公孙丑上》），这种意气轩昂的精神，为什么只见于一介文人左拉而没有体现在军人身上？

或者有人说，反抗上级不为军人所为，也做不到，德雷福斯事件之际法国军人的盲从，并不足以证明他们缺乏道义心。果真如此吗？那么我们看看更为显著的实例吧。

基钦纳将军

此刻转战德兰士瓦的基钦纳[①]将军，正是英国的军国主义者和帝国主义者崇拜如鬼神的人物。然而请看，不正是他在此前征讨苏丹之际非要挖掘马赫迪[②]墓不可吗？这即使在两千年以前也是为有识之士所唾弃的行为，更何况在 19 世纪末文明的时代，公然在大英帝国国旗之下挖掘被称为蛮人的圣者和救世主的伟人坟墓！由马罕大佐的克己忍耐所培养出来的军人，何以这般没有克己忍耐之心？如果举天之下人都成为"军国宗"的信徒，都以挖马赫迪墓为理想，那么把一国的政治委托给此等残忍之人，岂不是非常可怕的事情吗？

---

① 基钦纳（Horatio Herbert Kitchener，1850—1916），英国陆军元帅、伯爵、军界实力派人物。以镇压苏丹起义、结束布尔战争和"一战"前组建 300 万大军而闻名。第二次布尔战争中任英军参谋长，采取烧杀等残酷手段镇压布尔人游击队。1914 年出任陆军大臣。

② 穆罕默德·马赫迪（1844—1885），苏丹反埃及反英国运动的发起人和领导者。

俄国军队的暴虐

我们再来看义和团运动中八国联军进入北京之际俄国军队的暴行，只在通州一地受到他们的威胁投河而死的妇女就有七百余人，仅此一事难道不就令人发指吗？如果说军训和备战可以提高人格、培养道义，那么十三四世纪以来便与战斗生死与共的哥萨克人理应人格高尚、道义昌明了吧，可事实为什么与此恰恰相反呢？

土耳其的政治

如果军国主义真有培植国民智德、提升其国国际地位的功效，那么土耳其应该位于欧洲的最高位了。

土耳其的政治是一种军国政治，其国家预算也是一种军费预算。从武力上看它绝非弱国，其霸权在 19 世纪虽然一败涂地，但也曾在纳瓦里诺（1827）、克里米亚（1853）、普列文（1877）、圣斯特凡若（1878）等战争中英勇作战，绝非弱国。

然而，这是可以夸耀或足以夸耀之处吗？从腐败、凶残、贫困、无知等文明进步与否的方面来说，处于欧洲最低位置的非土耳其莫属。其国家命脉几乎命悬一线，被尼古拉一世视为病人来看待的，也正是这个土耳其。

德意志与一时代道德的源泉

德意志大概也是如此，虽然国民仍不失为拥有高等教育的国民，众多的文艺与科学的成就依然灿烂辉煌。可是，铁血主义和军国主义席卷社会上下之后，当年高迈的道德伦理思想如今还安在吗？

德国国民曾经是欧洲一时代道德的源泉。康德、席勒、赫尔德、歌德、里希特（让·保尔）、费希特、伯伦知理、马克思、拉萨尔、瓦格纳、海涅等名字，乃是文明国仰慕不已视为宗主的存在，其感化的力量实在广大无边。可如今呢？今天我们依然对德国的艺术、科学多有学习，可是在哲学、伦理和正义人道的大问题上，在文学方面，可有人愿意向今天的德国学习，可有人渴望德意志人的指教？除了社会主义这一理想依然是中流砥柱外，它还有什么足以让欧洲人仰慕而视为宗主的呢？

麟凤不栖荆棘

不足为奇，麟凤不栖荆棘，在以俾斯麦、冯·毛奇将军为理想的世界里，难以期望有歌德、席勒的再现。可怜的军国主义者，仅以威廉二世、皮洛夫、瓦德西等为依靠，怎能获得些许的文明进步呢？

德国皇帝与不敬罪

因此我要说，军国政治运行一天，国民的道义就会腐败一天，暴力行使之日也就意味着伦理的灭绝之日。德意志自从成为俾斯麦的德意志以后，在欧洲便失去了伦理道义上的影响力，这也是自然而然的事情。君不见，威廉二世皇帝即位十年间，以大逆罪遭处罚的有上千人，而罪人中多数是未成年者，这绝不应该是我忠良的日本臣民所期望的。我们还会期待军国主义者吗？如此这般，我们仍要以军国主义为荣吗？

第五节

决斗与战争

军国主义者进而赞美战争，称国家的历史便是战争的历史，就像个人间的纷争通过决斗而最后判定胜负一样，国家间的纷争最后给出结果的就是战争。乾坤大地上，只要国家之间还存在着差异，战争就是不可避免的，有战争则必须有军备。而且，战争实际上是强壮的身体、忍耐的心性和刚毅的性格之较量，因此可以发扬我们真正男子汉大丈夫的意志精神。如果没有这样的较量，那么天下就会变成懦弱的巾帼之天下。果真如此吗？

在此，我没有谈论个人间决斗之是非利害的闲暇。但可以断言，以战争比之决斗实在是不伦不类。西洋的所谓决斗，还有日本的所谓"果合"，目的唯在名誉和面子，其力量的比较乃是非常平等、公明的较量，若有一方伤亡则立刻停止，较量结束之后也不会心存任何芥蒂，真是不失男子汉大丈夫气概。然而，说到战争则完全相反，其目的的污浊，其手段的卑鄙，无所不用其极。

古代有所谓报上名来一决雌雄之战，这或许略与决斗相似，然而在战争的历史上是最迂阔而常常为人所嘲笑的。战争唯一需要的是狡猾、诡计。若看重其地位的平等和方法的公明，就会被看作宋襄之仁（《春秋左传》）而成千古的笑柄。

较量狡智的手段

战争乃是较量狡智的手段，其发达也是狡智的发达。原始的蛮人玩弄狡智，大抵在于出其不意，在于设伏兵、夜袭、断其粮草，乃至敷设陷阱。而狡智不及者则身亡、财产被掠夺、土地被瓜分，唯独狡诈的优胜者才得以存活下来。于是，寻常的智慧手段不为其用，以至于需要充分的教习训练和更为大量的武器机能的竞争。这是古来战争技术发达进步的大致过程。

战争发达的每一步只在于讲究如何构陷敌人，而绝不问其目的如何卑污，其方法怎样恶劣。这岂能与个人的决斗同日而语，怎能说是作为男子汉美德的强壮、忍耐、刚毅的较量呢？个人间的决斗以其胜败为最后的判定，可战争却常常是复仇的恶性循环而造成的悲惨事态。

总之，战争乃是阴谋、诡计、小人的行为和狐狸的狡智，而非光明正大的较量。当社会以战争为快事，并需要和看重战争的时候，人类的道德则无法摆脱小人式、狐狸般的狡智状态。

和蔼可亲的农家壮丁

而如今世界各国要推行这种卑劣的罪恶，正在强拉年少的壮丁投他们到地狱般的兵营里去，不断养成他们的兽性。

君不见，和蔼可亲的农家壮丁挥泪告别父母兄弟和姐妹，离开恬淡的田园而入兵营。朝夕所闻则是长官的呵斥声，所见乃是老兵的残忍欺凌之色，负重荷而奔走东西，忍受疲惫而左右奔跑，如此三年的时光真是单调痛苦至极。

他们每天的所得只有三钱，这岂不是乞丐的待遇。而且不得不吸烟，不能不付邮政税，甚至为了避免老兵的虐待不得不以酒食用费来贿赂，不得不供出零用钱。富家子弟还好，贫苦出身的士兵在三年的时间里只能承受着饿鬼之苦和牛马不如的呵斥。

饿鬼之苦

富人因受过高等教育或身体虚弱而得以幸免于兵役，然而，贫民的子弟则不得不遭受此等虐待和痛苦，这难道能说公平吗？我曾看到，他们有人为了逃避征兵的检查而逃离营舍，自暴自弃达到顶点而常常不惜一死。其心情是何等的可悲可哀。

如此三年后归来，所获得的究竟是什么呢？唯有父母的衰老、田园的荒芜，乃至自身行状的堕落。如此这般，还能说是为了国家的需要和义务吗？

停止赞美军备

我们呼吁停止对军备的赞美，停止对征兵制的崇拜。我所看到的是兵营产生众多的无赖游民，大量生产力的消磨，致使许多有为青年蹉跎人生，兵营所在地风俗的败坏，行军沿路良民常遭到他们的欺负。至今未曾见到军备和征兵为国家增加一粒米、一块金，更何况科学与文艺乃至宗教道德的高远理想，不仅没有增加反而被破坏殆尽，难道不是这样吗？

第六节

何以长时间地相互征战

呜呼，为什么世界各国的政治家和国民拥有如此众多的军人、兵器、战舰，何以要长时间相互征战，为什么他们不迅速摆脱野狐般相欺、疯狗般相咬的境地，努力向更高远的文明之境迈进呢？他们知道战争的罪恶和毒害，却不想避免之；他们懂得和平、博爱乃是正义和福祉，却不愿迅速实现之。他们不能断然废除备战以享受和平与博爱带来的福祉。

他们希望生产的廉价和丰饶，希望通商贸易的繁荣昌盛。他们岂不懂得军备要消耗大量的资本和生产力，战争会使通商贸易受阻而损失巨大。然而，他们却不去节省军备的费用和战争的力量，从而投入工商业生产。

和平会议的决议

君不见，前年由俄国皇帝提议召开军备限制会议，各国对此均表示同意，英美德法俄奥意土日中等二十余国全权代表不也达成了决议吗？即表示认可"限制造成当今世界重负的军备负担，将大有增进人类有形无形之福祉的希望"（《和平会议最终决议文件》）。他们还确定了有关仲裁裁判的以下规定："殷切希望相互合作以维持一般的和平，竭尽全力助成以和平方式处理国际争端……巩固国际正义感，……必须依靠国家间的协商以确立作为国家安全、人民幸福之基础的公平正义原则"（《和平处理国际争端条约》）。然而，为什么不更进一步推广这一观念意志，撤销海洋陆地的军备呢？

微小的一步

请勿言，如今的军备乃是确保和平的基础。追逐功名而虚荣心强烈的政治家和军人，大抵无法忍受枪炮的徒然生锈、战舰的徒然腐朽，必然要伺机实地操练，正如执刀的醉汉凝视前方的目标。岌岌乎殆哉，他们由确保和平一转为对和平的扰乱。在彼此实力相当的欧洲各国之间，于均势主义之下，他们暂且可以成为和平的确保者。然而，一遇到地广人稀而力量薄弱的亚洲、非洲，他们忽然转而以所谓帝国主义的名义，成为和平的扰乱者。看看他们如何对待今日的中国和南非吧。他们一心一意专事于武装，但只是维持其消极的和平，何以不撤去军备以享受积极的和平呢？

他们不仅依然不能撤去军备，反而为了扩张耗尽国力却不知反省，这是因为他们的良心为功名利禄所掩盖，他们的正义和德性之念为发自动物天性的好战心所遮蔽，他们的博爱之心被虚荣浮夸所湮灭，他们的义理为迷信所蒙昧。

毒蛇猛兽之域

呜呼，个人已经解除了武装，唯有国家却不然，个人的暴力决斗已被禁止，唯有国家却做不到。20 世纪的文明依然没有摆脱弱肉强食之域，世界各国的国民恰如仍在毒蛇猛兽之域一样，我们没有一天能够高枕无忧，我们不能不感到羞耻、痛苦。而这是社会上有识之士所可以轻描淡写的吗？

第四章　论帝国主义

第一节

野兽欲获肉饵

野兽磨牙利爪咆哮不已，乃是要寻获肉饵。还无法脱离野兽本能的那些爱国者，培植武力而扩张军备，首先是为了满足自己的迷信、虚荣、好战心，而欲寻找替代的牺牲品。因此，爱国心和军国主义达到狂热顶峰之际，也便是领土扩张政策登峰造极之时，这原本不足为怪。正因此，有今日所谓帝国主义政策的流行。

领土的扩张

帝国主义意味着大帝国的建设，大帝国的建设则意味着领土版图的扩张。而我所悲痛者，在于这领土版图的扩张意味着更多的非正义，更多的腐败堕落乃至凋落灭亡。为什么这样说呢？

大帝国的建设如果只是对无主之地进行开荒扩土并移居于

此，那当然是非常好的事情。然而，在智慧手段日益精进、交通日渐方便的今天，浑圆的地球之上哪里还能够发现无主之地呢？如果说世界到处都已有了主人和居民，那么不用暴力、战争和诡计怎样才能多占领寸土呢？因此，欧洲列强对亚洲、非洲，美国对南洋的版图扩张政策，均不能不以军国主义的方式来实行。

而且，他们为了实行这一政策，每日要花费上千万的金钱，每月要使数百人殒命，一年到头周而复始，如此辛劳而甚是自苦，难道不正是因为他们无法抑制其兽性的爱国心吗？

大帝国建设即图财害命

想来，他们只是为了张其武威、满足私欲而肆意侵略他国的领土，掠夺他人的财产，屠杀他国的民众或者使其成为奴仆，却扬言这是为了大帝国建设。那么，大帝国的建设不正是图财害命的强盗行为吗？

武力帝国的兴亡

视图财害命为武士习性和思维的不道德、非正义的帝王政治家，他们以此为快事。19 世纪以前的英雄豪杰之所为大都是这样的。然而请看，上天绝不会饶恕此等不道德、非正义的事情，古来以武力扩张的帝国能有几个善始善终的？这些帝王政治家一开始是为了功名私欲，或者国内的统一安宁，频繁煽动国民的兽性以征讨外国。胜利了便扩张领土，大帝国一度得以建设起来。而国民为虚荣所蛊惑，军人则做大他们的权势，对新添的领土施加压迫和酷虐的统治，徭役贡租不堪其重，财产遭到严酷剥夺。接踵而至的是领土的荒废、困顿、不平、叛乱，而本国则奢侈、腐败、堕落，以至于最终为新兴的帝国所征服，古来所有武力帝国的兴亡大概都没有逃出这个法则的。

往昔，有人见到西比欧、迦太基的遗迹曾叹息道：罗马帝国也会有这样的一天啊！的确如此。成吉思汗的帝国如今何在？拿破仑的帝国、神功皇后①的版图属地、丰臣秀吉的雄图大略，今又何在呢？不过如朝露一般稍一闪现即无影无踪罢了。不要说基督教化的帝国绝不会灭亡，罗马帝国的末期不也基督教化了吗？不要说解放奴隶之后的帝国不会衰败，西班牙大帝国在本土虽废除蓄奴制，却不是一样衰落了吗？不要说工业帝国绝不会零落，摩尔人及佛罗伦萨人不也曾是相当工业化的国民吗？

国家的繁荣绝不能靠图财害命，国民的伟大也绝非通过掠夺侵略所获得的，文明的进步不在于一帝国的专制，社会的福祉只在于和平、自由、博爱、平等。试想，我国北条时代治下的人民何以能比忽必烈的士卒得到更安稳的生活，如今比利时的人民为什么能比德意志、俄罗斯等国的人民过上更太平的日子？

国威之后是凋零

有人说"国威之后是贸易"，历史则昭示了帝国之必将零落。然而，人们依然在蹈前车之覆辙，如走马灯似的循环轮回。我不

①　仲哀天皇的皇后。传说曾远征新罗、高句丽、百济。

禁为西比欧叹息，更为今日欧美各国的末路而惊异。

第二节

是国民的发展壮大吗？

帝国主义者强调，古代大帝国的建设的确出于帝王政治家的名利心，然而如今的领土扩张在于国民的发展壮大，不得不为之。古代的帝国主义乃是个人性的帝国主义，如今的则为国民化的帝国主义。绝不能用古代的非道义和祸害无穷，来衡量今日的帝国主义。

真的如此吗？今日之帝国主义是国民发展壮大的结果吗？这难道不是少数政治家、军人的功名心之膨胀吗？请看他们所谓"国民的发展壮大"，实际上大多数国民不是为了生活而日甚一日地苦斗着吗？不是贫富差距越来越大，贫穷、饥饿和无政府组织以及各种罪行在不断增长吗？如此这般的国民，他们为什么要逞强去无限发展壮大呢？

少数军人、政治家及资本家

而少数军人、政治家、资本家则不断妨害可怜的大多数国民的生产，消耗国民的财产，剥夺国民的生命，试图以此建设所谓的大帝国。他们牺牲大多数本国人民的进步和福祉，而去威胁和凌辱更为贫弱的亚洲人、非洲人，却美其名曰"国民的发展壮大"，这实在是大言不惭的妄言。即使国民的大多数参与了这项政策，那也绝不是真的发展壮大，只是因为受到了兽性般好战心的巧妙煽动，以及爱国心的虚荣与迷信和狂热的一时表露罢了。其非正义性和祸害程度，也绝不亚于古代的帝国主义。

对德兰士瓦的征讨

英国征讨德兰士瓦，剥夺布尔人的独立和自由，将其有利可图的金矿夺为己有，在英国旗下统一非洲，铺设贯通全域的铁路。他们的目的在于以此来满足少数资本家、工业家、投机者的利欲，乃至塞西尔·罗兹[1]和张伯伦的功名心。

令人震惊的牺牲

且看，他们为了一己的目的造成了多少恐怖和惊人的牺牲。

自 1899 年德兰士瓦战争（第二次布尔战争）开始到我草拟这一书稿之际已达五百天，其间英国士兵的死亡数已达一万三千人，伤者更多。另有身体残缺不全者而退役返乡的三万人，当地人的死者更不计其数。

数万人的鲜血价值十亿元

我们再看他们财产的损失，为了运送三千里之外的二十万士兵，众多船舶往返航行一天的费用达二百万元，他们以十亿元的财富换来两国人的鲜血。而且，这期间金矿开采的停止，造成了近乎两亿元的减产。我们必须说，这不但给两国带来了不幸，而

---

① 塞西尔·约翰·罗兹（Cecil John Rhodes，1853—1902），英国殖民者、南非钻石大王、政治家、曾任开普敦殖民地总理。

且对世界福祉的影响亦相当大。

特别值得悲悯的，是土人的惨状。他们中成为英军的俘虏而被送到圣海伦娜岛的有六千人，流放到锡兰岛的有两千四百人，如今基钦纳将军更要将一万两千人送到印度去。据悉，两个共和国的壮丁几乎全部消失，田园完全荒芜了，兵马所到的原野已经不见青草。呜呼，他们到底有什么过错和罪责？

如此情形，你还说今日的帝国主义并非没有道义吗？还说它并非不正义、并非暴虐毒害吗？这是道德高尚的国民所能忍受的吗？这是 20 世纪文明的天地所可以容忍的吗？

德意志的政策

被称为尊重自由、爱好和平的英国尚且如此，我们对军国主义化身的德意志为陆海军的扩张而常牺牲众多珍贵之物就不觉得奇怪了。去年义和团运动的时候，德意志皇帝大喊复仇，以至于派遣瓦德西将军来到东亚。而这一年的 9 月德国社会民主党大会的决议，则充分揭露了德意志帝国主义的真面目。

德国社会民主党决议

在美因茨召开的德国社会民主党大会，其最终决议如下：

德意志帝国所采取之中国战争政策，乃出于资本家获利的疯狂心理、大帝国建设的军事荣誉心和掠夺的欲望，这一政策以强制占领外国的土地、压迫他国的居民为宗旨。这一宗旨结果导致掠夺者驱动兽性暴力而大肆破坏，以强暴和非正义手段满足吞噬的欲望，因此必将导致受到虐待的人起而反抗。加之，海外掠夺及征服政策必将唤起各国的妒忌和竞争，导致海陆军军备之不堪重负。这实际上招来了国际上的矛盾纷争，以至于引起整个世界的大混乱。我社会民主党历来反对压迫和灭绝人类的主义，因此坚决反对这种掠夺和征服政策。我们所追求的，在于保护和尊重人民的权利、自由、独立，并根据近代文明的修养保持与世界各国文化的交流关系。而现今各国的主流社会及拥有军事上之势力者的指导原则，乃是对文明的巨大侮辱。

这是多么公明而高尚的言语啊，真可谓彪炳日月。

的确，通过掠夺和征服而试图扩张领土的欧洲各国帝国主义，实际上是对文明和人道的巨大侮辱。而在我看来，不得不指出美国的帝国主义也有很多非人道和不正义的地方。

美国的帝国主义

美国当初协助古巴的叛徒与西班牙作战，称此是为了自由和人道而驱除暴政，果真如此的话，这当然是有崇高意义的事情。假如古巴民众感佩其恩德而愿意成为美国治下的臣民，那么将古巴合并于美国也无不可。我未必一定要去揭露美国如何讲究谋略以煽动古巴岛民。

对菲律宾的吞并

然而，吞并和征服菲律宾群岛事件的发生，则是绝不能饶恕的事情。

美国果真是为古巴叛徒的自由而战吗？那么，他们为什么要如此束缚菲律宾人民的自由？他们果真是为古巴的自主独立而战吗？那么，何以如此严重地侵害菲律宾的自主独立呢？

独立宣言与建国宪法将如何？

他们与这里的人民意愿相反，乃是要用武装暴力来强压以掠夺这里的土地和财富。这实在是对美国建国以来追求文明与自由的光辉历史的严重侮辱。吞并菲律宾的土地和财富固然可能会给美国带来一些利益，然而为利益而为之的话，那么能说古代武士为了利益而图财害命也是应该为之的吗？他们把自己祖先的独立宣言、建国宪法、门罗主义主张置于何处呢？

美国的危机

或者他们会说，领土扩张乃是国家生存上必要且不得已的行为。他们最初出师是以自由和人道相标榜的，但这时候忽然又改以国家生存的需要为借口，这是何等快速的堕落呀！

假使确如他们所言并非为了领土扩张，而是因为美国存在经济上的生存危机，他们也应知道，吞并菲律宾所得到的财富和利益并不足以拯救其危机，只能是延缓其衰退罢了，实际上经济的衰退只是时间的问题。他们有广大的土地和人口，其资本和企业的势力巨大，怎敢以这样悲观的借口来敷衍呢，我不能不为他们的过于忧虑而感到可笑。

我相信，将来美国万一有国家生存的危机，那也不是因为领土的狭小，而在于领土扩张的过度；不在于对外势力的不张，而是因为社会内部的腐败堕落；不是市场的缺少，而在于财富分配的不公正，在于自由平等的消灭，在于侵略和帝国主义的飞扬跋扈。

美国兴盛的原因

在此，暂且来思考一下美国今日繁荣昌盛的原因。比如，自由抑或压制，正义还是暴力，资本的势力还是军备的威严，虚荣的膨胀还是勤勉的企业精神，自由主义抑或帝国主义。而如今他们为了名利心和爱国的狂热，竟然要跌入邪路。我不仅为他们的前途担忧，更为自由、正义、人道而悲哀。

民主党的决议

前年秋天，美国艾奥瓦州民主党的决议，其中有一节深得我心：

> 我们反对征服菲律宾。因为帝国主义也便意味着军国主义，军国主义意味着独裁政治，而独裁政治则意味着协商政治的死亡、工商与政治上自由的破坏、权利平等和民主制度的消灭。

的确如此，帝国主义到处在扩散其非正义和灾害。

第三节

移民的必要

英国和德国的帝国主义者要建设大帝国，其第一个论据在于移民。他们扬言说，如今我国人口年复一年地繁衍，贫民日复一日地增长，扩大版图乃是为转移过剩人口而采用的不得已的办法。乍一看，好像蛮有道理。

人口增加与贫民

英德各国的人口增长是事实，贫民的不断增多也是事实。然而，贫民增多的原因可以归因为人口的增长吗？为了救济贫民除了移居海外就没有别的方策了吗？这很值得思考。若依他们所言，其逻辑便归结为：人口增多而财富缺乏，人口稀少则财富丰饶。这不是非常可笑的说法吗？这完全忽视了实际的社会进步的法则，无视社会科学和经济学理。

禽兽鱼类均以自然为食物，得食者越来越繁衍增多，则食物越来越短缺，此乃自然而然的道理。然而，人类乃生产性的动物，拥有利用天然之力而自行生产所需衣食物品的智慧和能力。而且，其智慧和能力每一年每一时代都在不断改善进步而持续增长。因此，产业革命以来在世界人口增长数倍的同时，财富更增加了几十倍甚至上百倍，而英德等国实际上又是占有世界大部分财富的国家。

贫民增加的原因

他们的财富已经遥遥领先于世界，而贫民的数量也日复一日地增多，这岂是人口过剩的罪责，其原因必然在于别的地方。

贫民的增多实际上在于他们现行的经济组织和社会组织的不良，即在于资本家与地主垄断了法外的利益和土地，在于财富的分配失去了公平，唯此而已。因此我相信，如果不依靠真正的文明道义和科学智慧除去此种弊端，仅仅靠移民这种暂时的姑息治疗法，即使全国的人民都移居海外，也无法根除贫民问题。

即使再退一步，承认移民是解决人口过剩和贫民增多的唯一救济办法，那也不能说他们就必须扩张领土，必须建设大帝国，人民必须生活在他们的国旗之下。我们且来看看事实吧。

英国移民的统计

英国版图的扩张已使其成为日不落帝国，自1853年至1897年间英国人及爱尔兰人的海外移民约八百五十万，其中奔赴本国殖民地的人数仅二百万，其余五百五十万均去了北美合众国。1895年英国移民统计如下：

赴北美合众国的为195632人；

赴澳大利亚的为10809人；

赴北美英属殖民地的为22357人；

赴本国殖民地的人数只有赴其他地区的人数的六分之一而已。

这些移民怀抱着哪里有自由哪里就是故乡之念，而并不在乎其移居地是不是在本国的版图之内。由此可知，帝国主义者的需要移民这一说法是毫无道理的。

我并不认为移民就是坏事，至少比斯巴达人因其奴隶人口过剩而屠杀之要进步好多，这是毋庸置疑的。然而，可以扩张的世界领土原本就有限，而人口的增长却是无限的，如果移民必须奔赴本国的领土，那么就只能坐以待毙了。

移民与领土

英德各国最初向亚洲、非洲的"无主之地"索取领土，而后将其分割，再以移民充实其已经瓜分到手的领土，进而到了没有可分割的其他领土的境地，于是列强各国便不得不开始相互厮杀彼此争夺，最终武力强大的某一国家取得其他的领土，而这领土若干年之后也不够移民所用，于是不能不导致自身的窘迫与衰落。如果这就是帝国主义的必然逻辑和目的，那么其完全是非科学的。

另外，如今法国也在激烈地要求领土的扩张，而它的人口并没有在增长，其贫民的数量也相对较少，岂可说也是源自移民的需要呢？

美国如今也在要求领土的扩张，很明显这并非源自移民的需要。美国领土广大、自然资源丰富，到此移民的仿佛万朝归宗一般。不独英国人移民此地的人数众多，德意志人自 1893 年至 1897 年间移居海外者有二十二万，其中十九万五千人去了美国。瑞士、荷兰、斯堪的纳维亚各国的移民也多奔赴美国。收容了世界各国移民的美国，岂有鼓励本国人移民海外的需要？

意大利也在竭尽其财杀害无辜，为在埃塞俄比亚广袤的原野上获得殖民地而苦斗着，然而它的移民却纷纷奔赴南美和北美两地的外国领土。

巨大的谬误

因此我敢断言，以帝国主义命名的领土扩张政策，如果声称是为了移民的需要，那完全是一种谬论，单以移民为其借口，则完全是自欺欺人而不可取的观点。

第四节

新兴市场的需要

帝国主义者众口同声道，"因贸易而扩张领土"，即领土的扩张实在是因我等的商品急需新的市场。

我希望世界交流越来越便利，各国贸易越来越繁荣。然而，英国产品的市场必须在英国的旗下，德国产品的市场一定在德意志旗下，这样的理由何在？我们的贸易必须依靠武装暴力来强化，哪里有这样的理由？

黑暗时代的经济

黑暗时代的英雄豪杰因为希望本国的富强昌盛，常常侵略他国并掠夺其财富、征收其租税。成吉思汗、帖木儿的经济就是如此。如果帝国主义者只是以压迫蛮族、夺其土地、使其成为臣仆而强行买卖为经济上的主义，那么这与黑暗时代的经济还有什么差异？这是文明与科学所绝不允许的。

生产的过剩

他们以什么为必须开拓新兴市场的理由呢？那便是所谓苦于资本的丰富与生产的过剩。呜呼，这是何等的言辞！在他们资本家、企业家声称苦于生产过剩的另一面，则是成千上万的下层人民常为衣食不足而哭泣。他们的生产过剩并不是因为没有需求，只在于大多数人民的购买能力不足，大多数人民购买能力的缺乏则在于财富分配失去了公平，在于贫富差距越来越大的缘故。

今日经济的问题

而欧美贫富差距越来越大、财富与资本越来越集中于少数人手中，以至于大多数人民的购买能力极端衰微，这实际上乃是现行的自由竞争制度的结果，源于资本家、企业家垄断了法外的利益。

社会主义制度的确立

因此，欧美今日的经济问题，比起压制未开化的人民而强迫消费其商品来，更在于首先应该提高本国大多数人民的购买能力，而提高本国购买能力就必须禁止对资本的法外利益的垄断，必须使一般劳动的分配更加公平，而要使分配公平则必须根本改造现行的自由竞争体制，即在于确立社会主义性质的制度。

唯有破产和堕落

果真能够如此，则资本家的竞争必然没有可垄断的利益，大多数人民丰衣足食而没有过剩的生产，无生产过剩之忧则没有必要假其国威而实行帖木儿式经济的必要。这才是文明的、科学的，而且实际上也是道义的。

然而，欧美的政治家、工商业家却绝不这样行事，他们只是为了夸饰一时的虚荣而追求永远的垄断，向海外领土扩张投入莫大的资本，滔滔滚流而不知终止。其结果，造成政府财政的越发膨胀，越发地吸收资本，工商业家越发疯狂地追逐利益，分配也越来越不公平。这样，随着领土扩张不断地推进、贸易额越发增大，以至于国民大多数的贫困就越发严重，接下来发生的便是破产和堕落，如此而已。

游牧性的经济

他们即使为领土扩张的费用而困窘破产，恐怕将来也没有再找到所谓新兴市场的余地了，尤其是在如今各国竞争如此激烈的时刻。没有了余地则只能坐等饥饿，否则便必定是列强各国相互争夺了。逐水草而居的游牧民，若水草已尽则必然倒下。否则，便必须相互厮杀、彼此掠夺。帝国主义经济正是这种游牧性的经济。

他们所追求的新兴市场已经所剩无几，因此列强各国已然呈现出相互掠夺的征兆。英国人说德国人是我们的市场之敌，因而必须加以击破，德国人则说英国人是我等的竞争对手，因而必须将其压倒，于是两国的战争准备日甚一日。奇怪呀，他们的通商贸易不在于相互的福利，而在于损人以获得仅有的利益，不在于和平的生产竞争，而在于武力争夺。

英德两国的贸易

英国如今不是德国贸易的最大主顾吗？德国不也是现今英国贸易的主顾而位居第三吗？两国的贸易额最近已经增长了数千万，英国对德国的贸易额毫不逊色于对澳大利亚，而德国也相当多地输入和利用着英国的资本。如果他们以相互打击和压迫为快，那不是以打击自己的大部分贸易为快事吗？其他的列强之间大抵也是如此。如果说天下的商人以杀伐其主顾、掠夺主顾财产为赚钱的秘诀，谁能不发笑呢？就好像是欧美各国专以折磨他人来图谋本国的利益一般。

对主顾的杀戮

我悲哀的是，如今所谓市场扩张的竞争正如军备扩张的竞争一样，关税的战争犹如武力的战争一般。他们为了折磨他人而首先折磨自己，为了扼杀他人的利益而首先必须扼杀自己的利益，并且，为此其大多数国民陷入窘困、饥饿、腐败乃至灭亡的境地。因此我要说，帝国主义者的经济是蛮人的经济、帖木儿式的经济，是非正义、不道德的，是不文明、非科学的，它只是因为政治家追逐眼前的虚荣，投机者要获得一时的意想之外的利益。

日本的经济

再看日本的经济，其不堪程度远在欧美之上。日本可曾有武力将国旗插到海外，我国民可有多少资本向海外投资，可以制造出几多足以参与海外市场的产品？一旦实行领土扩张，武人便越发跋扈，政府费用将不断增加，资本由此越发欠缺，生产会不断萎缩。日本如要坚持向帝国主义迈进，其结果只能如此而已。

愚不可及

欧美各国的帝国主义者可以借口资本的丰富和生产的过剩，但日本的经济情况则与他们完全相反。欧美各国要建设大帝国，不用说正在走向腐败与凋零，不过他们在若干年间仍可夸耀其国旗国威的虚荣，而日本若要建设大帝国，恐怕一天也难以维持下去。可是，却有人要拥有众多的军队和战舰而呼吁追随帝国主义。日本的帝国主义者，真是愚不可及！

第五节

英国对殖民地的统合

英国的帝国主义者又强调，保全武备乃是出于对殖民地整体的巩固和统合的需要。这一说法深得好战的爱国者的欢心。然而，这是非常可笑的。

不利与危险

英国国民之所以总是担心其防卫的不周，实际上并不在于其领土的过于广大。试想英国各殖民地的移民，他们当初依靠祖国无以生存，为了获得自由也为了衣食丰足才移居到千里之外的异乡。而如今，他们实现了繁荣幸福的生活，何苦要在大帝国统一的名目下甘受祖国的干涉和束缚呢？何苦要承担祖国莫大军费和兵役的负担呢？为什么要与祖国一起卷入欧美列强的纠纷斗争呢？其不利和危险实在是巨大的。

小英国当时的武力

武力的无用和罪恶已如前述，不过就假设本国的防卫确实必要而不可或缺吧。即使如此，武备的周全和武威的高扬也绝不在于领土的扩张，更不在于大帝国的建设！请看，击溃了菲利普二世之西班牙大帝国的英国，那时还只是一个所谓的小英国，攻克路易十四之法国大帝国的英国，那时亦仅仅是一个小英国而已。

英国繁荣的原因

只在那时的小英国，他们的武力才绽放出灿烂的光彩。他们的帝国主义者如果真的担忧其防卫的不周全，何不毅然允许殖民地独立呢？如果这样，他们一开始不就可以高枕无忧，各殖民地亦反而能欣喜地享受到自由的福利。

如此想来，英国以往的繁荣昌盛绝不在其武力，而在于丰富的铁和煤炭业的发展；不在于武力的侵略与掠夺，而在于和平的制造业的发达。这期间，他们也曾一度犯错而露出野兽的本性，步古代帝国主义的后尘对殖民地采取帖木儿式的经济手段。不过，为此他们召来了合众国的反叛而幡然悔过，转而允许各殖民地自治。因此，他们所拥有的广大领土事实上并没有形成所谓的帝国，只是依靠其血脉、语言、文字的共同性和坚贞不渝的同情心，同时因贸易上的共同利益，而得以实现长久的联合与无限的繁荣。

大英帝国是否还存在只是时间问题

英国如果像早期那样陶醉于武力的虚荣，而欲实现大陆各邦的纵横一体，岂能有今天这样的强大。今日其虽然达到了如此强大的境地，如果将来为其国旗和武力的光荣而敢冒使各殖民地处于不利境地的危险，做出使同情心丧失的举动，我相信大英帝国将来是否还存在只是一个时间的问题。

而今，张伯伦野心勃勃欲继承老威廉·皮特①、迪斯雷利②的衣钵，率领这个和平的大国沉醉于军国主义和帝国主义，而重蹈古来武力帝国灭亡的覆辙。我不能不为这荣誉的国民而深深惋惜。

吉卜林与亨利

急于获得功名的军人、政治家和追逐利益的投机者，还尤可宽恕。然而，有学术有智慧的、于国民心灵教育负有责任的文士、诗人也竞相鼓吹武力的扩张，这实在是令人痛惜的事情。在英国，吉卜林和亨利③就是这样极端的代表。

---

① 老威廉·皮特（William Pitt，1708—1778），英国军人、政治家，曾为英国的海外扩张奠定基础。

② 本杰明·迪斯雷利（Benjamin Disraeli，1804—1881），英国保守党领袖，曾两度出任首相，是英国殖民主义的鼓吹者和卫道士。

③ 威廉·欧内斯特·亨利（William Ernest Henley，1849—1903），英国维多利亚时代后期的诗人、评论家和剧作家。

帝国主义是一种猎人的生计

他们看到兽性的爱国者欲求肉饵而大加赞美，什么国旗的光荣、伟人的功勋、国民思想的唤起，谁不为生于塞西尔·罗兹的英国而自豪，谁不崇拜基钦纳的功绩，他们一个为帝国扩张了数千里的版图，一个为洗刷喀土穆的国耻而将苏丹蛮荒的习俗变为文明与和平。如果帝国主义在于讨伐、歼灭蛮人而布设文明和平的统治，那么其活力的维持就只在于有蛮人的存在了。就仿佛猎人的生计，只限于附近山野有鸟兽出没时那样。

南非已经全部平定了，塞西尔·罗兹还要去哪里寻找另外的南非呢？苏丹已经征服了，基钦纳还要向何处去寻找另外的苏丹呢？如果要讨伐的蛮人已经不存在了，那么他们便将失去国旗的光荣，国民主义的思想也将消失，而无从求得伟人的功勋了。如此短暂无常的命运岂不正是帝国主义的前途吗？

只是用豪言壮语来煽动国民的好战心，我感到吉卜林先生、亨利先生的思想宛如儿戏一般，真正希望社会文明之进步和福祉者，怎能如此呢？

第六节

帝国主义的现在与将来

从以上观察来看，不难了解帝国主义的现在和将来，即以卑下的爱国心，用可恶的帝国主义命名的一大政策，其结果唯有堕落和灭亡。

他们所谓的大帝国建设，并非必要而实为私欲，并非福祉而实为灾难，并非国民的发展壮大而实为少数人功名野心的膨胀，并非贸易而实为投机，并非生产而实为强取豪夺，并非扶植文明而实为破坏文明。这岂能成为社会文明的目的乃至国家经营的宗旨呢？

或者可将此说成是为了移民，但移民并不需要领土的扩张；或者说是为了贸易，然而贸易也并非一定要扩张领土。需要领土扩张的，只有军人、政治家的虚荣心，只有趁机获取金矿、铁道利益的投机者，只有提供军需的御用商人。

国民的尊严、幸福

国民的尊严、幸福绝不在于领土的广大，而在于道德程度的高尚；不在于武力的强盛，而在于理想的高尚；不在于军舰、士兵的多寡，而在于衣食、生产的丰饶。英国历来的光荣和幸福不在于拥有庞大的印度帝国，而在于有一个莎士比亚存在，卡莱尔[①]的英雄观实际上是不能欺骗我的。

德意志变大而德意志人变小了

英国外交官罗伯特·莫利尔曾评论俾斯麦说，他使德意志变得强大而让德意志人变得矮小了。就是说，领土的广大常与国民

[①]　卡莱尔（Thomas Carlyle，1795—1881），苏格兰学者、思想家，著有《论英雄、英雄崇拜与历史上的英雄事迹》等。

的伟大成反比，他们的大帝国建设只是其武力和野兽本能的膨胀。实际上，他们为了国家的富强而使人民变得穷困了，为了国家的威严和荣耀而使人民腐败堕落了。因此莫利尔说，帝国主义使国家壮大而使人民矮小了。

暂时的泡沫

国民已经矮小，国家岂能壮大呢？实际上，这壮大只是一时的泡沫、空中的楼阁、沙上筑屋而已，大风吹过，便会如云雾一般消失得无影无踪，这是古往今来的历史所表明的。然而可悲的是世界各国竞相致力于泡沫的膨胀，却不知走向灭亡的危险。

日本的帝国主义

如今在日本，也有狂热于此帝国主义而不知反省者。他们要扩张十三师团的陆军和三十万吨军舰的海军力量，他们要开拓台湾的领地，义和团运动之际则呼吁派遣军队以扬国家之威。军人的胸前挂满了勋章，议会为之赞美，诗人为之讴歌。然而，这于我国国民有何利益，这于社会有多少福祉呢？

其结果

八千万元的年度预算不到三年工夫增长了两倍，对台湾的经营自占领它以来耗费了源自国内的一亿六千万元，日清战争（中日甲午战争）的两亿元赔款如梦幻一般迅速消失，致使财政越发紊乱，越发入不敷出，政府不断增税，市场越发困窘，社会风气不断颓废，犯罪越发增多。而社会改革的议论却招来嘲骂，教育普及的思想却遭遇冷笑，国力日窘而民命日危。如此这般滔滔不绝且不见终止，我相信不过数年，东洋的君子国其两千五百年的历史只能成为黄粱一梦。呜呼，这难道不是日本帝国主义的命运吗？

故而我敢断言，帝国主义政策乃是为少数人的欲望而剥夺多数人的福祉，为了野蛮的感情而阻碍科学的进步。帝国主义乃是灭绝人类的自由平等、戕害社会的正义道德、破坏世界文明的蠢策。

第五章 结论

新天地的经营

呜呼，20世纪的新天地，我们将如何经营呢？我们希望世界和平，而帝国主义却加以扰乱。我们希望道德兴隆，而帝国主义却加以残害。我们希望自由与平等，而帝国主义却加以破坏。我们希望生产分配的公平，而帝国主义却激化了不公正。文明的危机，实在是莫过于此。

20世纪的危险

这并非我个人的观点，去年（1900）的《纽约世界》日报以"20世纪的危险"为题征求欧美诸名人的意见，回答者多认为军备主义、帝国主义值得忧惧。弗雷德里克·哈里森说，将来政治上的危险在于欧美列强过度的军队、军舰及军费的积蓄，其结果将诱导领袖和人民赴亚洲和非洲的原野竞逐霸权。冉威尔强调，20世纪的危险将在于帝国主义这一中世纪的反动思想之复兴。凯·哈迪认为，危险莫过于帝国主义。卡尔·布林德也说，危险在于帝国主义。

鼠疫的流行

的确，帝国主义之令人忌惮恐惧仿佛鼠疫一般，所接触者必至灭亡。而上述的爱国心实与病菌一样，军国主义则是其传染的媒介。盖 18 世纪末法国革命的大清扫涤荡了欧洲大地，帝国主义的鼠疫一度归于湮灭。而后，英国 1832 年的选举法改革、法国 1848 年的二月革命、意大利的统一、希腊的独立，均因有此时的防疫才得以实现。然而其间又有拿破仑、梅特涅等辈相继播散这一病菌，以至于又有了它今日的流行。

爱国病菌

而今这个爱国的病菌蔓延于朝野上下，帝国主义的鼠疫则传染到世界各国，大有不将世界文明破坏殆尽绝不罢休之势。社会改革健儿、以国家之良医为己任的志士仁人，如今正是奋起斗争的时刻了。

大清扫、大革命

那么，我们应该以何种计策应对此当务之急呢？这便是要进一步针对社会和国家实行大清扫。换言之，要掀起世界性的大革命运动，即变少数人的国家为大多数人的国家，变陆海军人的国家为农工商人的国家，改贵族专制的社会为劳动者共有的社会，改资本家强暴的社会为平民自治的社会。这样，才能使正义、博爱之心压倒褊狭的爱国心，才能使科学的社会主义歼灭野蛮的军国主义，才能使兄弟互助的世界主义扫除掠夺的帝国主义。

如此这般，我们才能改造现时的非正义、不道德、非文明、非科学的世界，才可以期待社会永远的进步，人类整体的福祉。反之如果不这样，放任今日的趋势而不加以反省，那么我们的周遭将唯有百鬼夜行，我们的前途就只能是黑暗的地狱。

外一种　倡言社会主义

抒怀一首代题词 [①]

一醉搔头欲问天。

高楼又掷卖文钱。

剑书十载仍存志。

雪月三生未了情。

斫地浩歌少年侠。

拈华微笑美人禅。

个中别有纵横舌。

闲却故山二顷田。

秋水 传于甫草

---

① 这首诗用汉文写成，原文如此，并非译语。

一　19世纪与20世纪

19世纪的天地会给我们留下些什么，20世纪的日月又将给我们带来什么呢？

历史是人类进步的记录。人类一代又一代经历无数岁月，在开发、延续和积累自己的智德、提高自己的精神境界、改善自己的物质生活方面一刻不停地进步。盖诸事无常而盛极必衰，这在个人如此，在一国或一民族也是如此。个人及一国或腐败而堕落，或衰微而灭亡。然而，从世界的整体观之，人类的精神、生活、宗教、政治状况的不断进步与改善，就仿佛大自然中水蒸发变成雨露而助成五谷的发育一样，循环往复。

古代的文明绝非仅仅为了一帝王、一国家、一国民而发达，必定要为人类整体的福祉而进步，随着时间的流逝，其普照的幅员越发广大。我们暂且不论埃及、希伯来、巴比伦、腓尼基文明，只看希腊就知道其文明不仅属于伯利克里的全盛时代，也不仅为蕞尔欧洲所私有。罗马继承了希腊文明的框架结构而不断修补推广，以此光照全欧洲。而大欧洲在罗马之后又继承修补推广之，于 18 世纪至 19 世纪甚至传播到北美与南美、东亚、非洲的南北两端。其进步扩张一年比一年迅速，仿佛自由落体一般越接近地面其速度越快，一个种族的文明变成了多个国民的文明，而多个国民的文明正将汇成世界全体的文明。19 世纪进步扩张的速度实在史无前例，可以想象到了 20 世纪则将更加神速，当初的所谓未开化民族、野蛮国的名字，或许不久将在浑圆的地球上绝迹。不管有没有人相信，总之这是浩浩荡荡的大势。

然而，正像随着个人的成长其食物、衣服、器具的性质、状况和功能逐渐发生变化一样，文明随着传播的范围扩大以及渐次接近人类全体福祉这一目的，其思想和主义也不能不出现差异。适用于千百人的文明还不能造福于亿万人民，适应几个民族的文明还未达到普遍适用于世界全体的程度。希腊罗马的文明仍容许蓄奴制，欧洲文明则已经抛弃之；18 世纪末的文明还容许贵族专制主义，19 世纪的文明则已经不再容许之；而今日之帝国主义更压倒了 19 世纪后期文明的个人自由主义并试图取而代之。在此，的确有昨是而今非之感。但我相信，这是人类进步不能不经历的过程，而民族性的文明最后筑成世界性的文明，则是可喜可贺的倾向。

19 世纪的文明以个人自由主义打破了贵族专制主义，其对人类摆脱奴隶之境的功劳的确伟大，这是文明进步必经的一个过程。然而，人类文明的最终目的不在个人而在社会全体的福祉，我们要求的进步不能停留于自由的获得，更要达到平等的境界。

欧洲的人民由个人自由主义一转而趋向国民统一的运动，实在是不知不觉间在向平等的境界迈进。而观由国民统一再转而趋向于帝国膨胀的主义，则接下来三转而走向世界统一主义也说不定，我确信这世界统一主义乃是现今文明的潮流。

19世纪的自由主义虽然有力打破了政治权力的不平等，但还未能解决经济上的不平等，反而筑成了自由竞争制度，导致下层劳动者不堪其制度的弊端。如今，劳动者将像他们曾经团结一致而挣脱了政治上的桎梏那样，为挣脱资本的桎梏而掀起国民统合的运动，并进而迈向世界性的运动。当资本家无法阻挡这一运动而感到有资本联合的必要，他们便将组成托拉斯而向海外谋求市场，并与帝国主义政治家们联手，试图煽动起国民的膨胀。他们已经不堪忍受个人的自由竞争而开始谋求国民层面的膨胀，其结果必将进而不堪忍受于国民层面的膨胀，最后感到有必要进行世界性的结合统一，我想这样的发展趋势指日可待。

盖随着交通运输的发达和文明普照范围的扩大，世界的生活、利害、物价、知识、道德将渐趋平均化，这是自然而然的大趋势。欧洲的政治家将无法独自夸耀其武力，欧美的资本家也无法从东洋的劳动者身上获得廉价的利润。在霸凌之心转向博爱，竞争的手段朝向共同的目的，政治上的自由主义转向国民主义，国民主义转向帝国主义，帝国主义再转向世界和平主义的同时，经济及社会上的自由竞争主义走向资本家联合主义，资本家联合主义再进而走向纯粹的世界社会主义，则是显而易见的趋势。这样，人类文明进步的历史或将最终告成。

感谢 19 世纪把政治上的自由福祉赋予我们，进而催生出帝国主义以矫正自由竞争之弊。然而，帝国主义只是我们迈向世界社会主义的一个阶段而已，我们在 20 世纪前半叶必将扫除帝国主义的弊害而达成世界社会主义，这是毫无疑问的，也值得多多期待。

（载于 1900 年 12 月 10 日《日本人》）

二 革命来临

积阴如晦之后则阳气复苏，连绵霖雨至极则炎天烈日之时到来，自然万物的生长发育实有其自身的规律，社会革命的发生也是如此。请不要一听到革命一词便立刻误解为大不敬、谋反、恶逆，也不能理解为这就是共和政治，这就是无政府。革命并非克伦威尔的专利，也不是华盛顿、罗伯斯庇尔的专利，更非唯有铁与火与鲜血。四民平等乃是社会性的一大革命，王政复古与代议政体的确立乃是政治上的一大革命，18世纪科学上产业机械的发明则是工业上的一大革命。这些革命，虽未实行谋反，但依然是一种革命，并未采取铁血方式，也还是一种革命。因此，费迪南德·拉萨尔说："革命乃是一种颠覆，它常常发生在全新的主义试图取代旧有的制度组织之际，暴力的使用并非必要条件。与此相反，改革要维持现有的制度组织，使其发展兴盛并获得有效而正当的结果。因此，手段如何不是重要的问题，改革也可能经历反叛和流血，而革命有的时候却是以非常和平的方式发生。"

革命如果是新的主义为取代旧制度而兴起的，那么我国今日的状况正面临着大革命的机遇，或者不如说大革命正将以极其和平的方式兴起。

第一，我们看政治上的腐败，不是已经达到极端的程度了吗？内阁、众议院、贵族院乃至各政党，不是已经完全成了藩阀的奴仆吗？他们已经成为服务于藩阀私欲私利的工具。从另一方面看，则我国的政治组织绝不是自由的制度，绝非议会代议的制度，而是深深地陷入了寡头专制政治的悲惨境地。这不正是我们感到要以新的主义取而代之的关键吗？而要完成这项改革事业，不正需要一场大的革命吗？

第二，再来看产业经济的现状。欧洲产业革命的浪潮波涛汹涌般涌入我国，使得生产的费用相当低廉，生产量也极其迅速地增长。然而，结果只是一部分产品的大量堆积，而难以滋润社会全体。于是，贫富差距越来越大，经济危机频繁出现，投机越发兴盛，分配越发不公正。我国的商业如今俨然成了一大赌场，能容纳正直的实业家的空间渐渐消失。我等绝非要攻击我国的生产兴隆，但在今日自由竞争制度之下，其兴隆反而使社会和人民陷入更加悲惨的苦境。因此，真心要使产业兴隆的成果惠及全社会，就必须依靠更为进步的主义来改造产业经济的组织结构，而实现这样的愿望就必须有一场大革命的事业。

第三，再来看社会风气及教育的现状。自伊藤博文设定阶级制度以来，维新革命的目的——四民平等完全被破坏，游手好闲的贵族饱食终日而没有教化，社会风气日益颓废。另外，由于贵族专制制度得以永远维持，以形同虚设的"忠君爱国"四字为教育的主旨，由此教育的根基也遭到相当的破坏，其发展完全受到阻断。思想界顽固保守，几乎后退到几百年以前。这样的状况要持续到什么时候为止，或者要永远持续下去不成？以更为进步的新主义取而代之，难道不是当务之急吗？而成此事者正需要一场大革命的事业。

革命原本并非人为使然，也不是强行发生的。正如德意志社会主义者所言，"革命乃是进步的助产妇"。进步总是在等待革命，没有革命就不会有进步。我们懂得，我国的现状已经濒临革命的临界点。只是，要选择流血的革命还是和平的革命，则全在于国民准备得如何了。

（原题为《革命论》，载于 1900 年 5 月 18 日《万朝报》）

三　破坏主义乎？暴民乎？
—— 社会主义之实质

　　明珠暗投而人人扼腕，如今我国国民对社会主义的态度正与此相似，他们还无暇深究其真相和实质到底如何，只因其听起来很不顺耳便泛泛地指责说，社会主义是破坏主义，社会党是暴民。于是，恐之如瘟疫而忌之如蛇蝎。呜呼，社会主义果真是破坏主义吗？社会党真的是暴民吗？

　　古往今来，在谋求社会进步而希望改革的运动中，多少也包含一些破坏的手段。但是，如果只因此便一概加以怪罪，那么天下所有以新代旧的事业就都难以成事了。如果有人说，你的房子已经老朽需要改造，你的衣帽满是灰尘需要清洗，难道这些人也是破坏主义、也是暴民不成？

　　冥顽不化、不通事理之徒，还有怯懦苟安之辈，他们厌恶进步与改革，一遇到呼吁新主义者，便称其为破坏主义和暴民，而试图百般迫害。古今东西莫不如此。尊王讨幕的议论出现之际，幕末的有司便斥此为破坏主义，而称其倡导者为暴民，以至于有了安政的冤狱，其悲惨之状为秦始皇暴政以来所未有；自由民权之说出现的时候，藩阀的有司斥此为破坏主义，并称其倡导者为暴民，以至于发布《保安条例》加以迫害，其横暴至极为拿破仑三世以来所未有。然而请看，使我日本国民摆脱封建阶级的桎梏而达至四民平等的境界，抛弃专制压迫制度而得享立宪议会制的恩惠，国威国光得以在东海的舞台上发扬光大的，不正是当初的破坏主义和所谓的暴民们吗？

人世间很多的新主义、新运动，或有一时的破坏主义和暴民出现。而论其性质，应该看其是否为社会进步与改革所急需。不管革命的主义当初听起来顺耳与否，其滔滔澎湃之势宛如大水决堤无可阻挡。实际上基督教的改革如此，日莲宗的勃兴如此，乃至欧洲大陆自由制度的创出、反对谷物税的运动、选举区改革案、废除奴隶制的运动等，均是如此。不仅世间俗流的攻击迫害不能奈何之，而且随着大势的发展，反动也越发激烈。结果他们于急切成功的同时，其余波所及也有不测的迫害发生，路易十六为此被斩首，梅特涅被驱逐，就是令人寒心的极端例子。

我们暂且不论社会主义的性质特色是否切合今日日本社会的状况，且看其在欧美两洲虽处于严酷的镇压之下却如驿站传令、如雨后春笋般地迅猛发展，不是与我国的情形很相似吗？可是，我国国民中的冥顽不化和喜旧厌新者却漫不经心地称此为破坏主义和暴民，怯懦苟安之士则随声附和，日夜希望加以镇压铲除。更有甚者，为近时劳动问题而奔走议论的人亦大多回避言及于此，强调说若称社会主义则很难博得中上等社会的同情，运动将变得越发困难。结果，他们的攻击、憎恶、忌惮最终与社会主义的真相和实质毫不相干，只证实了其无知、冥顽及其苟且偷生。社会主义乃是真正呼应天下的趋势而产生的一种运动，其传播和弘扬绝非他们所能够阻碍得了的，而他们的言行毋宁说是文明国民的一大耻辱。我殷切希望，我国国民在憎恶、迫害之前对此先认真审慎地加以探究和思考。

（载于 1900 年 9 月 13 日《万朝报》）

四　废除金钱吧

—— 社会主义之理想

　　正如病菌混入血液而逐渐侵蚀身体一样，既然金钱对世间具有无限万能的势力，那么世道就会越来越走向沉沦，风气就会越来越趋于颓废，人心就会越来越变得腐败，而社会则不能不最终灭亡。主张废娼者，愤慨于绅士之堕落者，提倡风俗改良者，促进道德兴盛者，在写一篇道德文章听半日说教均需要金钱的今天，应该知道你们千言万语的说教终归没有益处。谁会自己愿意当娼妇，哪有不希望风俗改良、道德兴盛的人呢，不都是为了金钱吗？因此，各位与其鼓唇摇舌浪费笔墨，不如自己先行把金钱万能之力挥霍掉，如果你自己没钱那就将别人的金钱万能之力根除吧。换言之，假如不废除世间对金钱的需要，那么就无法维持世道人心。

　　没有金钱人们就难以生存，这的确是世间的现实。今日的社会虽然腐败，但谁能在金钱之外相信正义相信真理呢？的确，金钱之外不可能有势力、名誉、权力和面包、衣服。问题在于，实际上今日金钱具有万能的力量，故而真理无法实现，正义无法落实。

试想，如果一朝废除金钱而消灭了其需求，社会将变得如何高尚、如何幸福、如何和平啊；乃至贿赂收买完全根绝、杀人强盗大部分消灭，不再需要提倡废娼、不再需要主张风俗改良，而直接进入净土天堂的境界。盛衰蜕变是自然的法则，然而我相信，古代印度、埃及、希腊、罗马的文明若没有金钱的存在，其寿命更将会持续数千年。

在金钱的势力如此之大的今天，谈论废除金钱，世人会以为我等是疯癫。真的疯癫吗？弥漫于世界各地的欧洲最新之社会主义，都是疯癫吗？社会主义者以废除金钱、根绝资本私有制为理想，他们要证明人与社会在没有金钱的情况下也能存在，金钱之外可以获得势力、名誉、权利和义务。这就是真理，这就是正义。真理和正义如果是可以实现的，那就不能不实行社会主义。

我们原本并不讨厌作为单纯交换媒介、单纯价格标准的金钱。它的作用如同度量衡、铁路车票、医生药方一样，不管它是黄色还是白色，印有神功皇后还是菅原道真[①]的头像，都没有废除的必要。然而，奈何它在上述基本功能之外更有无限万能的势力，由此而腐坏了人心、颓废了风俗、破坏了自由、扰乱了平

---

① 菅原道真（845—903），平安时代前期的学者，著有《类聚国史》《三代实录》《菅家文草》，死后被视为学问之神受到尊崇。

等，甚至使国家走向衰亡。因此，我们提倡废除金钱目的在于消灭今日所谓"金钱"的意义。换言之，即消灭其无限万能的力量。

那么，如何达到这样的目的呢？只有禁止资本的私有，除此之外别无他法。今日的金钱之所以拥有无限万能的力量，实际上就在于个人以此作为生产资本而自由使用。请看，他们把金钱当作资本投资，结果丰衣足食、不费手足之劳便可夺得由土地、器械、劳动三者生产的大部分财富，同时又通过其夺得的财富，再进而自由地购买土地和劳动，从而继续获得生产的大部分成果。就这样，在以金钱为生产资本而自由使用的过程中，财富自然积聚到一人手中。而分配越来越失去平衡，贫富差距越来越拉开距离，社会对金钱的欲望越发猛烈。唯其猛烈又促使金钱的势力不断增强，于是达到极致的"金钱"具有了无限的势力，独占了名誉、权势和富贵，致使社会完全堕落。这难道公平吗？难道正义吗？然而，这又是今日的实际状况！

况且，金钱并非直接的生产资本，它只是土地、器械、物品的价格标志。如果把土地、生产器械等归为社会公有而众人一齐从事生产，那么金钱不过是分配生产物品的媒介与标志而已，其用途实际上只是如度量衡、乘车车票、医生处方一般，怎么会有今天这样的势力和弊害呢？

人们生活在这个世间，不劳动不得食乃是天经地义的法则。然而，由于今日金钱可以自由购买土地、器械和劳动。换言之，个人可以自由地把金钱当作生产资本来使用，结果造成了有钱人可以不劳而获，不单是不劳而获，更夺走了他人衣食的大部分。这不正是释迦牟尼所深深慨叹的、耶稣基督所痛恨的地方吗？然而，他们还没有意识到要严禁资本的私有。我相信，他们若意识到并努力践行对资本私有的严禁，则今日的世界就不会这样浇季颓靡。

再次重申，若要根绝金钱万能的势力而拯救社会的堕落，就需要迅速改革今日的经济制度，将生产资本归社会公有。这便是社会主义改造，近代社会主义者实际上以此为唯一的理想。

欲使人心清明而维持天下世道的人，应该停止细枝末节的论述，而首先致力于社会主义的实行，这是诸位达到目的的最佳途径。呜呼，19 世纪乃是自由主义的时代，20 世纪则将是社会主义的时代。天下有为之士，需要看破这个新的大趋势。

（原题为《废除金钱的理想》《废除金钱的方法》，连载于

1900 年 2 月 9 日、22 日《万朝报》）

五　吃饭的问题
——社会主义之急需

呜呼，陈腐的教育家、迂阔的宗教家、痴呆的政治家，你们每天阅读报纸三版的记事，热心发声而耗尽心力地致力于伦理道德的说教、治国平天下的策论。然而，且看我国社会如何的秩序紊乱、风气废弛，欺诈、争斗、贿赂、奸淫、盗窃、杀人及其他所有不道德的罪恶，是怎样肆无忌惮地盛行，难道你们对雄辩说法、高尚教训、悉心施政的甚微成效，就不感到惊讶和失望吗？

你们并非才疏学浅或缺少见识，也不是热心不足，但成效甚微恰似杯水车薪，你们懂得其中的原因何在吗？

实际上人并非只要有面包就可以生存，但如果一日没有面包也的确无法存活。如果面对学生说为了生活你别学习了，面对诗人说你别作诗了，面对商人说你别用夸大的广告骗人了，那不是要逼迫他们自杀吗？逼人自杀的宗教和教育，人们会洗耳恭听吗？女人做他人之妾是为了吃饭，壮士豪杰的贿赂选票是为了吃饭，议员的失节也是为了吃饭。要禁止这些行为，就必须给他们提供别的生存途径。生为人类，若不果腹怎能讲义理人道？总之，人生的第一要义是吃饭的问题。如果不首先解决这一问题，则万事万物犹在混沌之中。孔子曰民富然后教之，正是这个意思。

而今，我国国民的吃饭问题，果真得到正当而全面的解决了吗？换言之，我们同胞能够完全吃饱肚子吗？

穿漂亮衣裳吃美食的人，往往是消费者而非生产者；一举获得数千万财富的人，常常是投机者而非生产者。某一政党增收地租、保护游船公司便获利数十万金，另一方面却是数万的劳动者年年交不起税，因而不能不遭遇（财产）强制拍卖处分；依靠正当的耕作而获得微利或者一钱不得，而从事不正当事业者却获得百金。越走正道越贫穷，越多奸诈越富有，见此情形谁不趋之若鹜。故而，财富分配越发不公正，生存竞争越发激烈，报纸的三版为不道德和罪恶的记事所充斥，这不正是我国今日之现状吗？

如果不弄清楚救治的途径和方法，不论有多少教训多少设施最终都是徒劳，都是姑息和迂阔。面对今日解释我国国民吃饭问题的偏颇失当，我们必须弄清楚救治的方法。我敢断言，吃饭问题的存在乃是个人主义制度造成的弊端，自由竞争产生的毒害。

人们把个人竞争称为社会进步的源泉，从某种观点来看我们也对此没有疑问。然而人是交往的动物，有竞争的同时还要统一，个人有独自生存的权利，同时也有使他人生存的义务。如果只有竞争而没有调和，只要差别而没有统一，以至于唯有自己生存而不顾及他人的死活，唯有个人发达和适者繁荣，那么彼此竞争的最终结果是适者被更高的适者所压倒，最后只剩下一个最高的适者，千百万人尽数堕落以至于衰亡，这岂是人生社会和文明进步的目的？不仅如此，千百万人堕落衰亡达到极限，最高等的优胜者——适者自己亦不能存活，这乃是必然的道理。而现时的社会趋势，不正处在这样的过程当中吗？

随着科学的进步，社会生产力及其产品以怎样令人震惊的速度在增长，这已不用我等喋喋不休地说明。然而另一方面，世道越来越艰辛，人为了生活的竞争而奔忙，吃饱肚子之外没有思考其他的余地，以至于任何事业都不能成就，这不是非常奇怪的吗？而仔细思量其原因，实际上就在于自由竞争的制度导致经济界陷入非计划无政府的状态。封建社会虽无个人的进步，但万众可以安心生活，虽没有个人的自由，但有万众的统一，吃饭的问题得到了正当而比较完整的解决，因此有武士道有名誉有道德教化有信用。可是，当今自由进步的社会除了吃饱肚子以外，什么事情也做不成。

个人竞争及于经济社会的弊害，我们没有一一详述的余暇。择其大略述之，第一，在于财富分配的不平等及不公正。第二，是贫富差距越来越大，使生产变得无秩序。第三，交通运输机关及其他垄断事业的竞争，最终被一个人或一公司所吞并。第四，广告竞争及商业性旅游浪费掉大量的资金，且造成欺骗顾客的毒害。第五，生产经常过剩或不足，造成需求供给的失衡。第六，结果导致工业危机，乃至经济恐慌、物价失调、穷困饥饿的恶性循环。就这样，经济界完全陷入无政府状态。

无政府状态任由狡猾和暴力竞争的泛滥，结果唯有优胜劣汰与弱肉强食。此时，我们怪罪个别资本家的横暴也无济于事，因为他不横暴就会被其他资本家所压倒。没有金钱的人就没有名誉，甚至没有衣服，而金钱实际上任由自由竞争乃至不道德的竞争所挥霍。这样，秩序紊乱、教化颓废也就不足怪了。我们也不能说教育与宗教无助于社会，在没有金钱则无法得享教育恩泽的制度之下，在没有金钱便无法信奉宗教的结构中，如何能期待教育普及、宗教感化的效果呢？因此，我们认为首先满足万众的吃饭需求，才是教育和宗教兴盛的途径。

竞争导致的弊害必须由调和来补救，差别导致的毒害必须靠平等来挽救，个人主义所扰乱的世界必须靠社会主义来矫正。有人说，社会主义也便是吃饭的问题。爱德华·克里说，社会主义是解决勤俭生产和公正分配问题的一套实际计划。而要解决我国国民的吃饭问题，则不能不等待社会主义的到来。

（连载于 1900 年 9 月 18—20 日《万朝报》）

六　最近的劳动问题
——社会主义之适用

　　最近在讨论劳动问题或从事运动的人中间，非难和攻击社会主义的声音逐渐增多。如果这种庸俗的议论获得了社会势力，那么不仅大大背离了和蔼可亲的诸位劳动者的倾向，而且会使我国社会各种问题特别是劳动问题的前途陷入困境，而无法期待真正的解决。天下民生的不幸，实际上没有比这个更甚的了。因此，现在要排斥这些庸俗之论，为我们的诸位劳动者昭示一道火炬，我相信这是我们急需且务必承担的责任。

　　读出版业同志联谊会会报所载桑田先生的演说《劳动者与资本的关系》，发现其观点与上述庸俗论调一样。他说："劳动问题的将来在于劳动者保持与资本家的亲密和谈关系，世间不是没有残忍刻薄的资本家，但个别资本家的问题不能归结为资本家全体的罪责。以此来主张扑灭全部资本家更是不正当的，不仅不正当，而且也是行不通的。"如果劳动者与资本家的亲和关系能够得以实现，那当然完全是好事，社会主义者岂有提出异议的必

要？然而，在现行制度下果真能达到这样的关系和目的吗？议论
与论据之间的乖离和冲突，年复一年日复一日地增大。那么，我
们看看导致这种乖离和冲突的原因吧。世间的流俗论者将此归结
为劳动者知识的缺乏和没有自尊，这或许不错。然而，劳动者如
此缺乏知识和没有自尊，究竟是什么原因造成的呢？实际上，这
主要是因为资本家的横暴和贫富的巨大差距。而资本家的横暴和
贫富的巨大差距，又是怎样造成的呢？这乃是现时的自由竞争制
度的毒害所导致的。源头紊乱了，就不能仅仅治标。在自由竞争
的组织结构暴露出弊害的时候，建立劳动者和资本家之间的亲和
关系谈何容易，社会主义者试图以社会主义的组织结构取代自由
竞争的制度，实际的原因也正在于此。可是，那些流俗论者只要
求劳动者与资本家和睦相处，并以此为最好的策略，这是何等的
谬误啊！

　　社会主义者并非要问罪所有资本家，他们也并不认为资本家
都是残忍刻薄的人。然而，又奈何现时的自由竞争逼使资本家自
觉不自觉地成了刻薄残忍的人呢。就是说，自由竞争不仅苦了劳
动者，也使资本家几乎到了难以忍受的地步。不管流俗论者如何
强调调和与亲和，他们到底是做不到的。不能不竞争也不能不斗
争，一方总是压迫而另一方则要反抗，即使两者之间暂时呈现出
调和的局面，那也绝非真正的调和。那只是因为抗争的力量偶然
与压制的力量不相上下，而非永久的事情。请看，因此劳动者要
建立工会，而资本家则组建托拉斯；劳动者要实行同盟罢工，而

资本家则马上拟定危险人物名单。然而，在现时的弱肉强食的世界，这样的斗争最终常常对劳动者不利，而资本家反而获利。社会主义者当然也知道资本与劳动要相互结合彼此扶助，然而只是强调以资本家和劳动者的亲和达成资本与劳动的调和，则是谬误之极。我们无法指望资本家与劳动者永远和睦，而流俗论者以今日暂时的亲和为唯一目的，这实在是希望我们劳动者诸君永远安于奴隶的地位和境遇，从而肥了资本家和顾主的私囊。

自由竞争制最终使资本家和劳动者双方都不堪忍受，其弊害因我国今日还没有达到欧美各国那样的程度，因此还有鼓吹资本家与劳动者亲和这种乐观肤浅论调的余地。然而，欧美各国的殷鉴不远。正如最近我国纺织业有组建托拉斯的计划那样，已然出现了卷入此种潮流之中的征兆。不能污蔑社会主义者是以灭绝资本家为目的，要知道改自由竞争制为社会主义制度，不仅是为了拯救劳动者，同时也是为了解救资本家。社会主义者一视同仁，一向专心于资本与劳动的调和，然而他们懂得资本家与劳动者的和睦是不可行的。这是流俗论者必须知道的。桑田先生在演说中进而说："在株式会社方面，股东只希望红利越多越好，而管理者亦尽可能增加红利以获取股东的欢心，因此要保护职工到底是做不到的。"很清楚，这难道不正是双方的亲和难以实现的证据吗？这难道不是流俗论者的自杀式议论吗？虽然并非每个资本家都一样的刻薄残忍，但他们绝不肯让出其利益的。因此，在劳动者眼中，或者从社会民生的视角来看，资本的确需要而资本家则绝非必要。如此说来，社会主义者绝不是要以一时急进的改革扫除所有资本家。而把社会主义者视为暴民极力加以排斥非难，实在也是过甚的诬陷。更何况，明知道当今无法指望资本家保护劳动者，却向劳动者要求密切亲和，这不是极端的自相矛盾吗？

流俗论者们要记住，资本和资本家不是一回事，社会主义者也绝非要灭绝资本家，为了资本和劳动的真正调和，我们必须要求资本的社会共有。从结果上讲，这将消减个人资本家不正当获取的暴利，乃是不得已的。试看，为了四民平等而将封建君主的领地奉还天皇，如果认为此事并非不当行为，何以唯视减除资本家暴利为不当？倘若能够实现资本的社会共有，那么不仅资本家再无法掠夺劳动者，同时也可以避免一般的资本家为更大的资本家所劫掠，在劳动者获得生存的同时资本家也能够活命。社会主义乃是博爱和一视同仁的，绝非像流俗论者说的那样，是什么折磨对方而自己获利者。

即使是流俗论者也不能不承认现今的经济组织存在弊害，正是因为他们也承认这一点才提出那种资本家与劳动者亲和的论调且喋喋不休。然而奇怪的是，他们却责怪以改造现行组织结构来实现资本与劳动的完全调和的社会主义，并极尽排斥之能事。这不是自欺欺人吗？他们说"社会主义是无法实行的空想，只不过以结成同盟工会为目的"。社会主义果真是无法实行的吗？邮政、电信、铁路、森林的国有，不都是社会主义的实施吗？而正如电信、煤气、城市铁路那样，其公有远比私有方便且价格低廉，这不正是欧美各城市已在实验的吗？现在像格拉斯哥市那样，实际上市政府甚至要造廉价的房屋以租借给劳动者。如果社会主义者在此要一举将天下所有资本没收而归为国有、所有工业交给中央政府管理，那的确是难以实现的空想。然而请勿忧虑，社会主义绝不会这样过激粗暴，社会主义者也绝非单单相信中央政府万能，绝不是国家权力无限的信仰者。英国费边社职工政治纲领中有言，"我们期待有自己的市会、郡会以及与工业生产有关的势力"，又说"在无法于中央政府的金库之外获得金钱安置场所期间，土地国有是没有益处的，中央政府只知道用财货去消费弹药和补救邦交的破裂，国会绝非救济地方工业的困难和失业职工的机构"。社会主义的主张在于：小到村镇大到都道府县乃至一国的事业，都根据各自的条件而逐渐将资本集中到全民手中，公平地分配生产的利益。东京的马车、铁道没有永远私有的理由，市街铁道也绝没有永远让炒股的人来啃的道理。将其公有而使万民一齐获得红利，有什么困难的？有的只是在天时地利方面，花费时间长短或效果如何的差别而已。更何况，说到社会主义者以同盟工会为目的，乃是何等的牵强附会。正如流俗论者所崇拜的资本家中时而出现残忍刻薄的人那样，社会主义者中或也有因受到异常之压迫而出手粗暴过激的。然而若因此排斥社会主义，那么明治维新以前的勤王论者不都是乱贼了吗？这实在让人不禁发笑。假如世间有什么难以实现的空理空论，要知道那也不是社会主义的理论，反而是流俗论者所谓要在现行经济组织范围内实现劳动者地位改善的论调。

总之，我国劳动问题的解决绝不仅仅在于要求劳动时间的缩短，也不单是要求工资的增长，必须以确保劳动者正当的地位和权力，以及获得公平分配为终极目的。而在现行经济组织结构之下这到底是难以实行的，必须等待社会主义理想的实现，必须谋求劳动者的资本公有，至少首先要获得参与公共事业的权利，而普通选举的实施则属于最为急切的事项。

呜呼，我国劳动问题的解决唯有社会主义，使劳动者诸位得以生存发展的也唯有社会主义，切不可被庸俗论调所欺骗。

（连载于 1899 年 10 月 3—4 日《万朝报》）

七　帝国主义的衰败趋势
——社会主义之大势

厌恶社会主义的人请擦亮眼睛看看世界的大势，十分明显，社会主义必将成为 20 世纪的一大主义、一大理想。我们也并不怀疑，支配当今世界的是帝国主义乃至军国主义。然而，帝国主义及军国主义的弊害如今几乎达到了顶点，欧洲各国的民力、国力已然耗尽。不断谋求新领土的经营和军备的扩张，其结果不外是大多数人民的困窘、饥饿、厌恶，德俄两国的现状就是比较显著的例证。

以非战论者著称的那位布洛克，前不久在《评论之评论》杂志上发表题为《德意志武装下的和平》的文章，论及其危险说：德意志处在绝不能发动战争的境地，这是因为由农业国转变为工业国以来，大量的食物要从国外进口，他们如果征兵四百万，那么国内就会失去生产九百万吨食物的劳动力；加之，战争将导致原材料供给途径的完全切断，而当前，德意志的贸易商业养活着两千万人，如果工商业一旦萎靡不振，他们将如何获得食物呢？

布洛克继续说，德意志的商业地位逐渐走向衰退，他们接连降价销售其商品，并不断谋求新的海外市场，但依然看不到摆脱困境的希望，如今只有一项减少军备的拯救办法。除此之外，德意志将无法再现当年的全盛景况。你看，因义和团运动而出兵之际，他们就不得不向美国借债以充其出兵费用。

布洛克进而断言，普法战争之后德意志的战时抵抗能力降低了三成，而德国国民的繁荣不过幻想而已，并列举出以下统计数字：

人口的 4.5 成年收在 197 马克以下；

人口的 4 成年收在 276 马克以下；

人口的 0.5 成年收在 896 马克以下；

人口的 0.1 成年收在 2781 马克以下。

如果布洛克的话符合事实且正中要害，那么德国的贫困不是非常惊人吗？然而，这也不足为奇，假如不实施布洛克所说的唯一救济办法即限制军备，则在工商业利益完全被吸收到军备和海外领土经营期间，大多数人民将越发陷入贫困，生活之苦斗必将越来越严峻。去年的统计数字显示，该国一年内自杀人数几乎达八千人。而其中的原因在于普通生活的困窘、腐化堕落及郁闷。这说明他们在中国、南非乃至萨摩亚所获得的大量利益与荣誉，就这样造成了危害本国社会根底的危险，其人民绝难长期忍受这样的危险状态。

因此我们相信，不管是通过和平的方式还是革命，他们的帝国主义在不远的将来必将被葬于坟墓。

至于俄国的危机则更甚于德国。俄国的预算数据很难让人相信，这是众所周知的。最近出刊的《隔周评论》上有一篇文章，援引鲍尔斯《饥饿的俄国》说，1887 年 1 月至 1899 年 1 月的 12 年间，俄国的公债由 43 亿卢布增至 61 亿卢布。然而，这新增的 18 亿卢布公债收入中，用于铁路及其他生产事业的为 12 亿卢布，其余则全数用来填补年度总决算的空缺。如此困窘的经济惨状之上，又加上领土扩张和军备膨胀，结果是一方面导致民间的疲惫不堪，另一方面铁路及其他事业未见收回投资获利，为了现时的外债本利偿还及年度总决算的填补，不得不进一步输入外资。如果没有了外资输入的渠道，就不得不输出国内的正币。不仅政府的财产如今濒临非常危险的境地，因各地工商业的萎缩又导致下层民众不平的增大，而显示出一大革命即将到来的征兆。在此，如果他们还想推进军备主义和帝国扩张，那么接着迎来的不是破产便是革命，二者必居其一。这也正是俄国当政者目前最为苦心的问题。因此我们相信，俄国也面临在不远的将来不得不抛弃其帝国主义进而谋求新主义的命运。不仅德俄两国如此，意大利、法国、美国、英国亦然。帝国主义增加了社会大多数的困窘、饥饿和罪恶，不断危害着社会组织。军人、资本家、政治家为了自己的功名利益可以忍受这种状况，但大多数人民却难以承受，他们呼吁社会救济的大主义、大理想，而帝国主义土崩瓦解，新的支配世界的大主义、大理想只能是社会主义。

想来，帝国主义使大多数人民陷于困窘、饥饿、罪恶的原因，实际上就在于拉大了贫富的差距，激化了生活的苦斗程度。而社会主义的目的，在于排除这种悬隔。如果要排除这种悬隔，正如社会主义所倡导的那样，除了一切生产关系实现公有化，万人成为平等的劳动者，公平分配其生产成果之外，绝没有其他的方法。爱弥尔·左拉慨叹道："呜呼，这才是救世的惊人教义。"不过，社会主义是救世的大主义。它并非空想，而是现实的问题；它并非过激思想，而是急需的问题。如今欧美的志士仁人，为了以此实行社会的改革与救济，正脚踏实地迈出他们的步伐，其势力正随着帝国主义毒害的增大而加强。我国厌恶社会主义的愚蠢徒辈们，请擦亮眼睛看好这一形势。

在德意志，虽然俾斯麦试图严酷镇压，但社会党的党员逐渐增多，目前帝国议会中已有 58 位社会党议员。法国社会党的一位领袖不仅进入内阁，议会中也有了 47 名议员。英国的社会党有 13 名议员，比利时的社会党则有 35 名议员。如果计算全欧洲的社会党选举人，仅壮年者就有数百万人，而每次选举其比率都有惊人的增长。各国地方议会中的社会党议员占议会大多数的，也不在少数。

若说到社会主义的国际运动，在前年（1899）3 月的伦敦会议、同年 5 月的布鲁塞尔会议之后，去年（1900）又在巴黎世博会期间召开了大会，以迅速发展的态势显示了其势力。作为巴黎大会的讨论结果，他们将总部设在比利时，以巩固世界各国的社会主义团结合作，由此试图形成灵活一致的运动。而社会主义在实际政治上的运用，如比利时、新西兰那样，也像伦敦、巴黎、格拉斯哥的市政那样，其功能都逐渐显示出了效果。如此这般的世界大势，就是俾斯麦的铁腕再现也没有办法奈何，岂有唯独我日本可以置身此社会主义运动潮流之外的道理？有工业、有军备、有贫富差距和生活苦斗、有众多困窘饥饿罪恶的地方，就必将有社会主义救世主的出现。最近，我们如此呼吁社会主义，原因也正在于此。

偶尔翻阅美国人写的小说，读到这样一段：

其时，莫娜的脸颊上显出红潮，眼睛里闪烁着美丽的光辉。

她有些寂寞地微笑着说，请听我的意见。罗德先生，我曾转居多处，看到穷人的受压迫，富人及顾主的毫不在乎，我若是男子汉必参加社会党无疑。

呜呼，请不要以为这是小说家的凭空描写，但凡是有些正义感的头脑而富于博爱仁慈之念，且能够用相当公平的眼光观察世界各国现状的人，即使是一个女子也会自觉地成为社会主义者，这不正是今日的现状吗？更何况以天下为己任的男子汉大丈夫！因为，今日的社会除了社会主义之外，没有其他的出路和拯救的办法。如果世间的愚昧之徒依然昏睡不觉，社会主义的洪流必将冲走你的床铺。

（原题为《社会主义之大势》，载于 1901 年 8 月 20 日

《日本人》）

八　暗杀论

说暗杀是罪恶正如视屎尿为污秽一样没人会有意见，这自然无须议论。然而，屎尿原本是人体内部组织新陈代谢不得已的结果，无论怎样厌恶其污秽也无法制止。我们认为，令人恐怖的社会产生暗杀者，也是一样的必然趋势而无法制止。

战争是恶，我们希望迅速达到没有战争的时代，而绝不应该鼓励战争。然而，于今日的社会组织结构之下，除了发起战争外再没有申诉本国的冤屈、避免自己的屈辱、保全本国的权利及利益的方法，这种情况也是有的。在很难以道德的标准指责战争为恶事的情况下，国际法不依靠战争就无法保全各国的幸福和利益，这时候战争最终将不得已而爆发。如果战争不得已而爆发，我们知道单将罪恶归咎于军人，以三寸不烂之舌称其为恶汉，也无济于事。今日呼吁要防止暗杀者出现的人，实际上正与此相类似。

同盟工会是不好的事情，不能对此加以奖励，这自不待言。

然而，劳动者不用这样不良的手段就无法摆脱其困窘，这样的情况也是存在的。今日的经济组织结构以需求供给的法则确定劳动的价格，如果一般劳动者即使饿死也不反抗，不得不成为伯夷叔齐式的人物，那么同盟罢工最终将呈现不可阻挡之势。如果同盟罢工呈现势不可当之势，我们知道，只将罪恶归咎于劳动者，以三寸不烂之舌称其为恶汉，也是无济于事的。今日呼吁要防止暗杀者出现的人，实际上正与此相类似。

正如国际法没有判定国家间矛盾纷争的能力一样，经济组织也无法调和资本家和劳动者的矛盾。关于个人或党派的行为也是如此，社会的法律和良心无法做出是非利害的判断乃至丧失对此加以制裁的能力，或者类似于丧失能力的情况是存在的。这时，对社会判断和制裁感到绝望的人，或将成为隐士、疯人、自杀者乃至暗杀者。暗杀的确是一种罪恶，然而使他们绝望的社会不是更为罪恶吗？

他们绝望于社会对个人或党派行为失去判断和制裁能力的状况，试图代替社会做出判断和制裁，因此胸中没有丝毫的私利，他们依据社会大多数人的意见，确定自身的去就取舍，这种倾向也是毋庸置疑的事实。我们当然不认为所有的暗杀者都如此，他们之中有为虚名的，也有因为疯癫发狂的；有为私怨的，也有为了非正义的功名而发动战争的；甚至有为获得不法的私欲，而参加同盟罢工的。然而，真正绝望于当时的社会而以此为社会唯一出路的暗杀者，很明显必定是大多数民众的友军。虽然不胜惶恐还是试举如下事例，中大兄皇子是苏我入鹿^①的暗杀者，日本武尊则是川上枭师的暗杀者，我们不知道他们是否越出了暗杀的常轨，但相信他们只是看到社会法律和良心对此没有任何制裁的能力，才自己有此行动的。他们相信，杀死苏我入鹿、讨伐川上枭师乃是社会大多数人的愿望。果不其然，天下对这种暗杀行为拍手称快，在当时的法律、道德、社会组织下，有此举动是一种不得已的趋势，人力终归难以遏制，毋宁说这是一种天意。

那么，明治日本的今天其暗杀情况又如何？到底有没有杜绝暗杀的途径呢？对此我们另有说法，当今明治日本，实际上也是社会对个人或党派行为丧失了做出正确判断和制裁能力的时代。

且看星亨^②遇害这一事件。暗杀他的人能否成为正人君子呢？看一般舆论公然痛斥星亨为盗贼恶汉，正表明社会应该将其作为恶而加以有效的制裁。可是，社会并未能做出判断和制裁。与之相反，对星亨是否盗贼恶汉，社会应该做出迅速的判断，绝不能允许他仍处于公职人员的位置上，然而社会却不能做出判断和制裁。世人无法获得社会的判断，也难以期待社会的制裁。绝望于社会的情绪达到极端，则只有自己做出判断，且为了社会大多数人的福祉而断然行动，除此之外没有其他办法。就是说，暗

---

① 苏我入鹿（？—645），日本飞鸟时代的豪族，皇极天皇时期曾掌管国政，后因杀害山背大兄王，而为中大兄皇子所灭。

② 星亨（1850—1901），日本政治家、自由党领袖。1901年被伊庭想太郎暗杀。

杀者必然出现，而暗杀者原本知道暗杀行为是罪恶，只是因为他无法放任社会的无能无为，无法对大多数人的幸福受到戕害而无动于衷，他认为比起暗杀来这是更大的罪恶，故起而行动。这不正是古往今来殉道者的内心动机吗？

因此我们相信，星亨遇害其自身的行为是原因之一，伊庭想太郎的愚蠢是原因之一，新闻报纸的舆论也是一因。致使他们这样做的根本原因，则在于社会丧失了判断和制裁的能力。

社会丧失了判断和制裁的能力，则因为其本身的腐败堕落已然病入膏肓。他们不知有道德、看不到公益，唯重视自己一身的私欲、权势。例如，他们对星亨其人的所为，就是于自己有利则褒扬，对自己不利则斥骂。如此这般，能做出什么判断什么制裁呢？而绝望者的出现，也是不得不然的。我们所恐怖的是，如果社会的腐败以今日之势滔滔不绝，恐怕不仅会出现一个暗杀者，将来说不定会有一个乃至大量的无政府党出现。这恰似吃了腐烂的食物会导致严重的痢疾一样，令人心寒。

同样，只是斥骂军人并不能制止战争，单单责备劳动者无法防止同盟罢工，仅仅攻击暗杀者也无以救治社会的腐败堕落，如果不恢复社会的判断和制裁能力，岂能使暗杀绝迹？

那么，如何救治社会的腐败堕落呢？这唯有从根本上改造现行的经济组织，在于消灭为衣食而自由竞争的制度，在于摆脱生活的困苦并扫荡金钱崇拜的风气，在于获得万民享有教育的自由，在于增进社会的智德，在于拥有万民平等的参政权而摆脱国家社会的政治法律为少数人所垄断的状态。换言之，就在于实行近代社会主义。如果社会主义得到有效的实行，社会就能够拥有聪明的判断和有效的制裁能力，这样，暗杀的罪恶自然会绝迹。这正是经世致用的君子们要深思熟虑的地方。

（连载于 1901 年 6 月 27—28 日《万朝报》）

九　无政府党的形成

美国总统为无政府党所杀害一事，对我国国民来说是最好的殷鉴，因为我国社会如今也大有产生无政府党的条件。

我们暂且不论无政府主义的是非利害，单就产生此主义而出此凶恶手段的原因论之。有人说他们出于迷信，有人则说因为疯狂或者功名心。的确，或者有迷信、疯狂、功名心的成分，然而他们如此广泛团结，那样严守秘密，出手如此大胆凶恶而不悔，如果是出于迷信和疯狂，必然有驱使他们如此的有力动机。这个动机，就是对于如今国家社会的绝望。

今日的国家社会组织对一般人而言究竟带来了什么福祉，实在是一个问题。按道理讲，政治的自由、学术的进步、机械的发明、资本的丰富、生产的增加，若从这些表面现象来看，会使一般人的生活比起古代封建社会的王侯还要幸福。可是事实却正相反，世道越发艰辛而生活越发困难，贫民不断增长而犯罪越来越多。西方人曾有妙语，说议会是增税的工具，增加税收的工具于人民有何必要？如果政治、学术、机械、资本、生产都有利于王侯、富人、官员、军人，而对一般人没有丝毫的用处，那么出现大批对现行国家社会绝望的人，也就是必然的趋势了。

这种现象不仅无政府党，就是各阶层的人士也都承认。因此，有保护劳动的议论，有世界和平的倡议，甚至有共产主义之说和社会主义运动的出现。他们都是仍然对前途抱有光明和希望、试图救治病态现实的人。无政府党当初也是如此，但看到国家社会日益堕落、罪恶而生活越发困难，他们逐渐放弃了对前途的希望，而成为彻底的绝望者。世间没有再比绝望者更有勇气、更大胆、更凶猛的了。他们的行凶即使出于功名心，那也是因为除此之外再无获得功名的途径，以至于最终绝望的。

老鼠与破棉絮聚集的地方，黑死病多有感染传播。而国家社会的不洁净，在这样绝望的深渊处，无政府党的病菌将多有发生。因此，无政府党在欧洲大陆多发，尤其是在对社会制度改革多有关切的英国，其流弊更加猖獗。如今美国亦呈现出不祥的状态，这使我们知道了无政府党弊害蔓延的恐怖。同时也足以使我们认识到，美国近来的政策怎样具有招致无政府党传染的倾向。

再看日本。我日本的首都，于议会、政党、教育、经济、宗教等方面是否在增进普通国民的福祉呢？我们看到华族的增多，看到御用商人的暴富，看到军人的耀武扬威，可是普通国民却无时不处于厌倦乃至穷困的状态。这厌倦穷困，正使他们一步步走向可怕的绝望。

且看煤矿中毒的被害地人民，以及小金原开垦地的人民！他们的穷困、厌倦、忍耐，如今几乎达到了极限。而除了两三个同情于此的人士外，国家完全置若罔闻，将他们抛弃不管。他们已经到了成为绝望者、成为无政府党人的边缘。由此可以推及万事，切勿认为只有他们才如此。对他们如此冷淡的社会，必定对所有阶级和所有方面都表示出非常的冷淡。而对在足尾和小金原产生无政府党之现实不知反省的国家，难道就不怕全日本都出现无政府党吗？我们相信，在不远的将来日本也将成为无政府党的产地之一。呜呼，这难道不可怕吗？

无政府党的毒害令人恐怖，然而导致他们如此的国家社会，其毒害更为可怕。这是一部《治安警察法》所绝对难以防范的。

（载于 1901 年 9 月 20 日《万朝报》）

十　国民的危险

　　外交重要，内政比之更为重要；外交麻烦多事很危险，而内政紊乱则比之更为危险。倘若国民试图将内政上的所有利益与幸福都做外交上的牺牲，这时，其国家几乎没有不爆发革命或灭亡的。这正是我国目前需要深刻警惕的地方。罗马的民政因其内政的腐败而土崩瓦解，百战百胜的尤利乌斯·恺撒亦不能救国家于水火。迦太基因国民的堕落而衰亡，十五年间征服了意大利的汉尼拔统帅也无法拯救其颓势。古来，因外敌而消亡的邦国绝非少数，而其灭亡一定是内政的紊乱和腐败在先。如果内政不曾紊乱和腐败，百万的敌人掩杀过来也不足惧。

　　外敌杀来可以用武力扫荡之，然而若内政紊乱和腐败达到极致，那怎么抵御得了外敌呢？那时，就唯有革命或者灭亡了。国家要支撑其武力展示其威武，首先需要有国民气势的旺盛和财富的丰厚，而这实际上需要稳内政、厚道德、淳风俗乃至农工商人的勤勉力行才有望获得。如果不然，人心堕落、道德颓败、财政紊乱、工商业萎缩、资产枯竭如今日之朝鲜、支那那样，即使有百万雄师和坚船利炮，又何用之有呢？因此我们说，内政的堕落比外交的麻烦多事更加危险。

而今，我国国民实际上正处于冒此风险的境地，而且自己还没有觉悟。日清战役（中日甲午战争）的获胜，实在是当时我国内政尚可纲举目张、元气兴盛而资产丰厚的结果。然而，战后的国民舍本逐末，一味夸军队之多逞和战舰之巨大，以为国家乃万世不易的伟业。人们试图依靠武力增国旗的光辉、扬国家的威武。哪知道，其结果使人心陷入堕落的深渊，财产宣告枯竭，社会上政治上的罪恶充斥天下，以至于国旗的光辉成为一时的虚荣，国家的威武变成一时的虚势。

且看，议会里有扬言多数表决我也不从的首相，众议院里有大喊这并非讨论宪法之地的大臣，更有叫嚷宪法只是大权一部分而陛下不必遵从的议员。一方面，利根川改建决定投资六百万日元，另一方面有允许某富豪采伐水源所在地山林的政府。还有，垄断市政将其变成自家获利工具的党徒，在地方议会搞政变的知事，与党徒勾结庇护犯人的警察，将牛马不食的菜饭送到军营的军官，以贿赂减少谷米数目的御用商人。伪造的各种证券常横行于市场，银行不断濒临破产。如此这般，立宪代议的精神被彻底忽视，自治的制度遭到彻底破坏，道德伦理为之扫地，经济界完全陷入无政府状态。滔滔之势无休无止，国家何以能够得到树立。

俄国对满洲、朝鲜的侵犯的确危险，但以我们优越的武力足以防范。然而，内政到了腐败和紊乱的程度则更加危险，必须认识到救治之迫在眉睫。我国还有众多的热诚志士、慷慨青年，然而可惜他们舍本逐末为外交和战争而发狂，以所有的幸福与利益为牺牲而不知反省。更何况，外交的多难和国威的发扬常常是古往今来不道德的专制政治家转移视线、蛊惑民心、达到篡夺一时权势之私欲野心的利器。

世间富于热诚的志士青年啊，要知道今日国家的百年大患不在外部而在国内。

（原题为《危险在内部》，载于1901年4月2日《万朝报》）

十一　沃波尔的政策

一夕读史至罗伯特·沃波尔一段，不禁喟然长叹。此君因收买议员而集天下骂詈攻击于一身，死后亦为史家所鞭尸。然而，若以我国今日的状况仔细与当年英国相比较，则感到有更令人战栗的地方。

沃波尔收买议员，的确当罪。可是，他当时实际上是以毒攻毒的。那时王权已然衰落而国民的舆论力量还不曾高涨，天下的权威为议会所独揽，其组织乃是一种寡头政治，包括议事与机密，其权力无所不在。那时，他若不收买议员则再没有抑制议会跋扈的招数了。

盖 16 世纪以前议会完全为朝廷所左右，是否由人民选出完全没有关系。那时，政治家只要得到王室的信任，就足以施展其政治抱负。后来至威廉三世，议会的权力增大而朝廷却反受其左右，并非人民选出的议员只为自己的利益而利用权威，其所为肆无忌惮。人民选出的议员也没有像今日议会那样随时要负责任，选民听不到每日演说、讨论、投票等相关的信息，故而议员也不受舆论的压力和制裁。因此，当时的政府做事不必担心王室的信任，也不怕是否有人民的支持，唯仰下院的鼻息，以至于政府要贿赂议员乃成为自然的趋势。而议员又不都是正人君子，受贿赂也得不到制裁。我想，在这样的时代即使发生政界公德上的腐败也不足为怪。

再来看我国的制度，早已没有了沃波尔时代的阻碍，政府唯有辅佐圣明的责任，必须依据众议院的决议而取舍进退。众议院议员与沃波尔时代不同，难道不都是人民选出的吗？而当受到非议的时候，他们不是可以多次奏请解散众议院吗？今日的政治家只要得到君主的信任和人民的支持，没有不能做的事情。同时，也不需要担心众议院的专横阻挠。因此，如果不经过收买议员这一任用党人的手段就不能推行其政见，那么这政府不是没有得到君主的信任就是没有得到人民的支持，或者因其政见计划的不公正，或者是没有智勇决断。而只要有其中的一条，就足以失去政治家的资格，难免要负空占着位置不作为的责任，更不用说其政策导致腐败增多的罪责了。

如此这般的政治家行如此恶劣的手段，至今却没有受到丝毫的制裁，我不能不深为国民的没有己见无自尊而感到悲哀。甚至，这不正是我国民的腐败与社会堕落的证据吗？我们今天的议会不必像沃波尔时代那样以秘密的方式议事，国民朝夕得以目击其一言一行，议员都是接受了民意而被选出的。可是，他们却屈节兜售自己的意见，只为了黄金而牺牲国民的参政权，我国民却对此恬然处之不加责怪。麦考莱大臣曾评论沃波尔说："他采用了腐败的手段乃是不争的事实，至于他是否应受到所有的嘲骂与攻击，则值得怀疑。因其人不具备超越其时代的德性而受到责备，这未免有些太残酷了。正如收买选区选票的不道德与收买代议士的选票不同一样，给良民五几尼①的候选人与给代议士三百几尼的人，不能同等论罪。"

事态已经不同，当然对现行内阁不能如此宽大。然而，接受了三百几尼的国民尤其无法制裁议员。后世的史家如果像麦考莱那样，将今天的收买政策归于其时代的腐败，则不知道我国民该以什么词语来回应呢？

物品腐烂而生蛀虫，门阀贵族一辈的政策便是这腐烂生出的蛀虫。议会如此，国民亦然，腐败堕落达到极端，则将丧失主义与理想。浑浑噩噩以追名逐利，虽萨长或内阁几经更迭、议会几番改选，其代议制度亦只会形同虚设。否极泰来，这样的形势登峰造极则必然产生革命，这是古今史乘所一再昭示的，也是志士仁人所担心之处。在沃波尔最杰出的演说中有言："反对党来自三个方面，一是王党，二是所谓爱国者之民党的愤激之辈，第三个则是青年。"而沃波尔内阁的颠覆，实际上正是由这青年完成的。彼得的唇舌、约翰逊的笔杆，他们都属于当时沃波尔所谓的

---

① 几尼：旧时英国的货币单位。

青年辈。且看今日大势，如果没有坚持大主义、大理想之纯洁活泼的青年奋起抗争，则不可能将社会从腐败堕落中拯救出来。呜呼，家国的前途实已落在我辈青年的肩上，读书人正当蹴然而起大有作为之秋。

（载于 1898 年 9 月 16 日《中央新闻》）

十二　日本的民主主义

"读古文每有所思，余所治之国如何。"

"披锦衣亦有所念，无神庇护难御寒。"

呜呼，体恤臣民而顾念国家之情如此深切，我等诵读其二首御诗，每每不胜感激涕零之至。

我以为，古今东西的英主贤君其德洋溢四海而垂范千载，均由于顾念臣民情深意切。而我祖宗圣明君临八大州县绵延两千五百年之久，其志趣精神不曾有一日中断。一如高津之宫家昭示的民之富即朕之富、延喜帝的寒夜脱御衣，他们都是此等志趣精神的继承发扬者。我们相信，这种志趣精神完全适合于民主主义这一称谓。而我等所谓的民主主义在国史上放射出史无前例光辉的，乃是今日圣上于维新中兴之际向天地神明发出的《五条御誓文》，曰"广兴议会，万机决于公论；上下一心，大展经纶；官武一途，以至庶民，各遂其志，务使人心不倦；破旧来之陋习，基天地之公道；求知识于世界，大振皇基"，这岂不是淋漓尽致地发挥了所谓民主主义的神髓精华吗？切勿以为这是我等牵强附会的说法，明治六年木户孝允 ① 欧游归来曾向当局提出意见书，这实在可以看作是对御誓文的解释：

> 夫政规者依国是而定也，不可以百官有司之臆测而妄断其高低轻重。天下大小事务之处置以此为准则，所虑甚深所期甚远，亿兆士民孰不感戴其寰宇兴隆。然而文明之国，君主不得擅权，阖国人民一致协作共致其意，以此条理国务，而后加以裁判。将此国务委托于一部门名之曰政府，而有司担当各事物，有司者亦一致协作，保全民意，躬行重责。从事国务，虽遇非常之变，若非民意所赞，不得擅自取其措施，政府严谨如此……。唯前日诏书天下誓言曰，不得为皇家私有，与民同在与民皆守，此乃天下第一要务，必与天下人民相关涉，而天下人民亦自有尽天下人民之责，岂可唯闻朝命而奔走，受其旨意而升降乎。

呜呼，今日的大臣、官吏、议员、国民重读此书将有何感慨呢？御誓文其实正是以这样的志趣而发，维新中兴的事业和各种

---

① 木户孝允（1833—1877），日本长州藩藩士，曾参与倒幕。明治维新后作为政府内改革派的核心，致力于大政奉还、废藩置县等。曾出任岩仓使节团副使，赴欧洲考察。

改革正是以这样的精神而逐步实行的。这正是古往今来列祖列宗一贯执着的大主义，如今一朝得皇上睿智，得以发出前所未有的光辉。

故而，维新当初民主主义政治上的运动势如破竹，一如诏敕、宣布、问询书那样，没有一处文字不以民意为主，没有一个不昭告公义舆论的。也如辅相、议定、参与那样即使大臣也要通过公选任命。这是何等的盛况啊！实际上，我国能有今日这样的进步兴隆并得以与欧洲列强相角逐，正在于其睿旨的深远。我等每每念及于此，不能不感慨涕零之至。

如果有人相信，这个民主主义是共和政治的专有物，而不能与君主政治两立，就大错特错了。其实，尧舜也是民主主义者，汤武文王亦是民主主义者。而古来执此念最完整、最热心的君王代表莫过于我日本，其万世一系的宝祚冠绝寰宇而绵延繁荣至今，岂能说是偶然？

即使不能称此为民主主义，那也可以叫作忠君主义、博爱主义。万事以民意为主的御誓文，木户孝允的意见书，其与民同在与民相守的志趣精神彪炳日月。这就是我们的国是，我们的国体。而与此相背相忌者，实在是殿下的罪人，乃至列祖列宗的罪人。

（载于 1901 年 5 月 30 日《万朝报》）

十三　外交上的非立宪国家

　　我悲哀于日本在外交上还未能摆脱非立宪、专制的境地。

　　乌拉基米尔最近在评论日清战争（中日甲午战争）之时说：
"幸运的是，日俄两国国民因感情急切产生的危险，因两国忠义
之心的至诚而得以消解，两国君主的一句话立刻作为国民的法律
而使之心悦诚服。因此，沙皇和日皇期待和平与友爱，日俄之间
绝没有冲突之虞，睿智的君主之决定，远比感情化且不负责任的
人民更有远见卓识。"（《太平洋上的俄罗斯》，第329页）的确如
此，上有睿智的天子，下有忠义的人民，和平和友爱地处理与外
国的交往，毋庸置疑是值得庆贺的事情。然而从另一方面看，我
又觉得并不是没有值得忧虑的地方。我知道，天皇在宪法上拥有
宣战、媾和的权力，君主独揽外交权也与我国宪法的条文并不冲
突。然而，如果一国的外交无视国民的意见，国民又毫不知晓，
这难道是通行万世的规则，可以与各国国民化的外交相抗衡吗？
这难道称得起文明的外交吗？这在精神上必然是非立宪的、专制

化的外交。

我皇上英明伟大，富于立宪君主的资质，重视公义而注意倾听舆论。实际上正如乌拉基米尔所言，我国国民无意识地安心遵从君王之则，一如辽东土地归还清朝一事，仅凭一则诏书便化解了两国之间的危机。然而，我国政府当局的大臣却不解皇上的睿智圣旨，往往无视国民的意见，外交事项丝毫不让国民知晓。换言之，为掩盖国民的耳目而保守秘密，其外交变成了专制化、非立宪、非文明的外交。国家由此遭受的弊害巨大，这乃是不争的事实。在此，试举一二显著的实例。

缔结《马关条约》之际，我国国民对伊藤博文全权代表等通过谈判提出哪些要求、最终结果如何，很不幸相当长一段时间完全不知，只是听到我皇上对此予以嘉奖，才得以想象其了不得的功勋。战胜国且是条约指定者的日本国民不得知晓，唯有通过战败国的清人及局外者的欧人才早知道此事。请看，谈判的笔记和往复的文书，不是通过北京《天津时报》最先公布于天下的吗？而我政府之发表则在世间早有流传之后。如果没有北京《天津时报》的传播，我等将永远不知其详情。进而，发生三国干涉①问题，我等也只有通过外国电报及海外新闻报纸来想象。不用说在事件进行的过程中，到了辽东返还的诏书发布而时局早已尘埃落

---

① 三国干涉：1895 年《马关条约》缔结后，俄德法三国起而干涉，遂使日本将在条约中所获辽东半岛最终归还给清政府，史称"三国干涉还辽"。

定之后，政府才允许报纸杂志报道和评论其背后的事情经过。去年，义和团活动甚繁，我等只有通过欧美的报纸才知道日英两国间的相关交涉。其后，英国督促日本出兵且在财政上予以支持的议院文书公布，警视厅依然命令新闻记者不准报道。到了第二天禁令虽然解除了，但当局依然千方百计试图封杀消息。外国议院文书已经发布的事实，我国报纸要转载都不允许，这真是滑稽之至，但却是事实。与欧美各新闻报纸有详细了解外交事宜并加以报道和议论的自由相反，我国却处在这样一种尴尬的境地——常常是东京发生的事情不得不通过外国报纸才能知晓，而且即使知道了也不能报道。

查斯金·麦卡锡曾论及英国的外交说："英国乃是以严格的立宪制来统治的一大立宪国家，这一点当没人敢于怀疑。然而，在执行外交政策的时候却完全无视国民的舆论，欧洲大陆依然多有相当专制的政府，但还没有比英国政府更甚者。英国政府不管出台什么外交政策，不仅不让普通人民知晓，而且上院议员也是除了官员之外都不得听闻。因此，官员以外的议员虽有提问的权利，却常常只能做出顾左右而言他的回答，政府大抵只是说还没有到详细说明的时候。"（《现代史》最后一卷，第 398 页）又说："要普通人民详细通晓外交事务，原本也并非他们所期待。而且，有关外交各种问题并不是那么容易懂得的。然而，问题在于政府的各领袖对人民，确切地说对议会中作为人民之代表的议员，也不肯有所告知。从有关外交的现状而言，我们感到英国与大陆众多邻邦相比远远不是立宪国家。"（同上，第 402 页）实际上，查斯金·麦卡锡是针对远征埃及之举而发出此番言论的。

我们来看当时出兵埃及的决定，在英国下院张伯伦等曾连日回应议员们的质询，极具龙争虎斗的热烈景观，不能说英国外交真的那么神秘。这回义和团运动爆发，英国议院的光景，我们只读其记录文字就已经有心惊肉跳之感了。而且，英国政府每有大事都会发行议院公告公布外交文书，外交大臣每年出席伦敦市长的宴会都会发表其外交方针，因而不能说英国外交具有严重的非立宪性质。而查斯金·麦卡锡问罪英国的外交，乃是与欧洲大陆相比。如果让他看到日本政府的行为，那他又将有怎样的评论呢？我相信，断定日本的外交是专制的、非立宪的，绝不为过。不用说，外交在某种程度上要保守秘密；但另一方面，外交又必须是国民化的，没有国民信任和支持的外交是危险的外交。拿破仑大帝及拿破仑三世晚期的外交正是如此，他们的外交并非国民化的，实际上成了迷惑国民的外交。于是，接踵而来的只有倾覆。查斯金·麦卡锡又说："整体而言（远征埃及一事），尤其引起我们关注的是，实际上英国国民大多数对此问题的利害关系一无所知，正如清朝的人民对日清战争（中日甲午战争）的利害毫不关心一样，这是非常严重的问题。我们相信，全体国民对其统治者的外交政策一无所知，是十分危险的事情。"（同上，第 401 页）疏远愚弄国民，使其无知无能，关乎国家全体安危存亡的大问题不让其知晓，任何事情不允许报道评论，那么这与今天的清朝人民还有什么差距呢？这不仅是国民的巨大耻辱，而且也无法期待外交当局得到国民的信任和支持。还有比这个更大的危险吗？

现在的东洋风云巨变，我国亦卷入到各国外交的旋涡当中。我期望政府当局能够迅速摆脱其专制的、非立宪的境地，而致力于国民化的、立宪的外交。作为其中的一个手段，至少要有公文书的发表、外交方针的演说，以及在可能的限度内缩小对报纸杂志的保密范围。这是当务之急，故提请当局者三思。

（载于 1900 年 10 月 5 日《日本人》）

十四　财政的大革新

请勿言军备不充分、教育不普及、外交不兴旺乃至实业的萎靡不振，在这之前有必要先看看我们财政的现状如何。当一个国家政治机构的枢纽——财政没有明确的主义和坚固的基础，其计划、方针常常动摇不定，如今日当局者只是故意模糊弥补那样，那么不仅难以指望其他机构发达振作，而且国家命运在不远的将来必遭到巨大的困难，这是一目了然的事情。

今日的财政，实在是松方正义①所谓的"超前财政"、筹措的财政。战后（中日甲午战争）经费年年膨胀，开战以前八千万的年度总预算，仅仅经过五年的时间就涨到两亿五千万的天文数字，而处理这一巨变的大方针、大计划并没有形成，只是不断地

---

① 松方正义（1835—1924），日本明治政府的大藏卿、公爵，著名财政家。

加以通融筹措。比如，留用赔款^①，募集外债，提高五年的地租，乃至酱油、邮政、电信等各种税收，其丑态登峰造极。更有甚者，内阁为此更迭三四届，而当局却对议会公开表明，说由此财政的基础可得以巩固。巩固吗？难道今后不是依然要不断地继续筹措吗？！这种筹措的需要无休无止，而手段有限又该如何呢？如果像今日这样得过且过，那么将来必定出现无法收拾的大破绽。我们经常见到，没有固定工作也不从事生产的人不断借高利贷而遭追赶还债，却衣着华丽而耽于酒色，以赌博为能事，嘴里滔滔不绝大谈成千上万元的买卖，此正所谓投机分子、诈骗者的生活形态。这不是岌岌可危的事态吗？而我国财政的现状不正与此相仿佛吗？

我国财政变得如此，原因在于没有确立一定的主义、方针。财政家的手段，或者不如说他们的地位和权力，在于事先探知到股票的升降，在于提前知道利息的高低，并施加手段而左右之。至于拥有洞察时运的趋向而做出安排，建立一国财政之大主义大方针的才干，则完全没有。因此他们所能做的，不是去追问课税的公平与否，去考察是否有利于产业未来的发展，更不是人民负担的轻重与否。他们所能做到并以此为满足的，只是临时填补漏洞，能得手且得手，能榨取就榨取，能借债就借债。于是，地租、酱油、邮政、电信、房屋、烟草都纷纷成了新税种，这就是

---

① 留用赔款，这里的"赔款"指中日甲午战争后中方付给日方的战争赔款。

财政所能干的，一国的政治也就如此而已。此外，还有滥用财政以贿赂、收买、保护商界宠儿，而丝毫不知反省。换言之，我国财政家所能做的就是临时凑合、融通、蒙混，而坐等国库耗尽那一天。

换个角度再来看政党的财政论。这也是绝无一定的主义和方针，只因为某党为执政党之故，而加以赞成。由此，其意见和运动常常忽左忽右而难免自相矛盾、前后颠倒，其极端者完全失去了天下的信用和国民的同情。今日的政党彻底丧失了应有的本领和精神，不过是一个庞然的行尸走肉而已。今后的政局发展难以托付给他们，原因也正在于此。

请不要再谈什么军备、教育、外交、实业，今日我国财政的根本改革如果不确立起大主义、大方针，则国家的前途令人深忧。呜呼，有谁的铁腕可以担当这一大任呢？！

（原题为《我国财政如何改革》，载于 1900 年 4 月 10 日
《万朝报》）

十五　好战的国民乎？

　　我日本的水陆两军将士擅长打仗，这实在是国民的名誉。而古来擅长打仗的民族多出于喜欢战斗，正如世界各国视我国民为好战的国民那样。然而，善于打仗和喜欢打仗完全是两回事，擅长打仗是名誉，喜欢打仗则绝非好事。

　　兵乃杀人之器具，消耗天下财富、耗尽其生产力的器具，兵还是增大军人之虚夸的根基、产生武断政治的诱因、人心腐败与世风颓败的源头。因善于打仗而武威、国光得以辉煌的固然有之，但至今却没有因为好战而不亡国的。斯巴达乃是好战的国民，然而，与雅典以自由政体达成学理、艺文、美术、道德之不朽的功绩相比，哪个更有名誉呢？罗马的名誉不在于其所征服的版图之大，而在于其文明的辉煌灿烂；他们的战争并没有使其文明惠及之外的世界，只是增加了奴隶的数量而已。为获得更多的奴隶和臣仆而战斗的愿望，难道不正是使他们自身的文明走向灭亡的原因吗？普鲁士的名誉不在于分割波兰、征战奥地利、与法国交战，而在于保全德意志国民的统一，在于使一般国民摆脱了大批王公贵族的桎梏。这样，他们的征战才成为名誉的战争，难道不是如此吗？俄国的武威之所以压倒世界，不在于其好战之故，而在于和欧洲各国相比他们极少战争，常常是针对东北的无人荒野展开与自然的抗争，因此才有今日辽阔的国土。

拥有善于战斗的名誉，原因在于比起损害来更有利于国家的文明发展，至少是可以相互抵消的。甲午年的战争据说是为了东洋永久的和平，义和团事件时的出兵则称为出于人道的考虑，也正因为如此，我们才肯定其出师的名誉。假如是为了满足个人的野心而牺牲众多生灵和数万的钱财，即使胜利了他日也会导致腐败与大量债务，乃至产生生灵涂炭的祸根，那么其罪过绝不可以饶恕。孟子曰：文王一怒而天下之民安。战争一定是要使天下之民安泰的，夺去了天下之民的自由、幸福和生命、财产的战争，绝不是名誉的。

最近，有人说是受一时情绪和卑鄙的虚荣心驱使而有好战者的出现，这是错误的。我日本乃是君子之国、人道之国，我相信他们擅长打仗，但绝非好战的国民。

（原题为《这绝非名誉》，载于 1900 年 9 月 27 日
《万朝报》）

十六　士兵的优待

近几年每到新兵入营的时期，送兵入营的各街村人民都会投入大量的费用，开列庄严的仪式而揭起华丽的旗帜为士兵送行，士兵的家人也要花费大笔费用设宴款待，此状滔滔不绝而蔚然成风。我们以为，这绝不是家国值得庆幸的好事。

他们或者说，军人乃是一种名誉，不可不庆贺，军人乃是国家的干城，不可不敬礼。我们当然也不能说军人是不名誉的、不需要向他们敬礼。然而，如果强调相较于国民的其他职业，军人的名誉更大而需要向他们敬礼，则是十分错误的。不仅错误，由此错误产生的弊害将大大阻碍国家社会的发展，这是不能不看到的问题。

在古代，武士比农工商者更有名誉和权力乃是自然而然的事情，人们接受此种观念是因为封建的、原始野蛮的思想所致。而在认为这是非常不正确不道德的今天，即在政治上社会上承认四民有平等的权利和义务之文明的今日，怎么会有军人的名誉、地位和权利与普通国民不同的道理呢？他们虽被视为国家的干城，但国家并非唯有军人才得以确立，如果以军人保卫国家为名誉，那么养育军人的农工商也一定是名誉的。防备老鼠的猫和防备盗贼的狗就比家中的婢女更名誉吗？我们至今还没有发现，军人因其有刀枪就比普通人更名誉、更需要尊敬的理由。

不仅国民中间以武士为尊的野蛮思想没有完全消除，而且马上取天下的藩阀元勋们长久以来将兵马的权利集中于党羽手中以作为声张自己威福的工具，加之日清战争（中日甲午战争）的胜利，我国军人的势力更加增大，如今几乎达到了顶峰。这使国民产生了国家就是军人之国家的观念，以至于竞相拜倒在军人的脚下。结果，军人也形成了倨傲自大的风气，他们看军人之外的人就仿佛是非人一样，倨傲自大即变成邪恶奢侈，邪恶奢侈则变为腐败堕落。军人士兵乃是世风颓废的原因，此乃欧洲各国的定论。古往今来战胜国会立刻风俗败坏、道义扫地，一个原因不能不归结至军人的地位和势力变得过大。我国也是一样，血气方刚的青年一入军营便因军中纪律过于严酷，出了军营便放荡不羁，同时感染了城市的风气，归乡后败坏地方的淳朴民风，这样的事例数不胜数。然而，他们却自诩为有名誉的军人、国家的干城。而街村的人民看在眼里却不敢非议，非议的话则被视为非爱国者而受到责备。呜呼，良民变成了无赖汉，淳朴民风变成了倨傲自大、邪恶奢侈的行径。这是什么名誉，什么尊贵！有为青年都为其马上功勋的虚荣炫目而趋之若鹜，一般人民却自卑自屈唯军人尊奉之，以至于成为封建时代的奴隶，这怎能是国家的幸事呢！
赋予军人士兵以过度的名誉和尊贵，其结果就是这样可怕。因
此，对入营的士兵给予过度的礼遇是错误、虚荣乃至坏事，更何
况街村的人民并非自己愿意这样做，而是出于虚伪爱国者的街村
官员的威胁命令。他们或者浪费宝贵的时间或者拿出血汗钱，而
入营士兵的家人也要设宴酬劳乡亲的礼遇，结果不得不为与己不
相称的花费而落泪。这是非常严重的恶弊，各街村的官员及有地
位的人士应该深入理解此道理而加以诫勉。

（原题为《什么名誉？》，载于 1900 年 1 月 23 日
《万朝报》）

十七　非战争文学

　　最近，有很多人要求我国文坛创作以战争为题目、武人为材料的雄篇大作，有些作家也在致力于此，这对我国文学的发展很不利，而且我担心其害处更甚。世间一般所谓的战争文学很少不带有鼓励战争、谄媚军人倾向的，就这一点而言，我感到有促成当今作家及批评家反省的必要。

　　他们大概会说，以活泼壮烈之笔讴歌战争赞美武人，可以激励国民的爱国心，鼓舞其义勇精神，这正是作家诗人作为国民的责任。可是这样的结果是，他们的笔墨书写刀光剑影的壮观却不言杀戮的悲惨，强调敌人的可憎可恶却不讲士兵的可怜，叙述将相的功成名就却不说累累万骨枯，表彰战死者的光荣却不谈这些人的姓名迅速被遗忘，讲述国家的光荣却不言民生的苦难，赞美领土的扩张却不说财富的消耗，乐于野蛮的竞争却不悲于文明的破坏，而只是大讲要激励爱国心。热爱国家的心情或许应该激励，然而爱人类之心该置于何处呢？野蛮的战争或许可以奖励，然而文明的和平该怎样保护呢？动物性的情绪或许应该使其亢奋，然而道德理想该放在何处呢？如果他们所言所咏无以达到真善乃至美的境界，又岂能尽作家诗人的责任呢？又如何能具有真正的文学价值呢？

所谓以激励爱国心为目的的文学，如果能奏其功效，那也只是让天下人感到战争的愉快，使其眷恋战死的名誉，耗费数亿的钱财和数千的生命，阻碍进步与学艺的发展，如此而已。那也只是使少数武断的政治家满足其功名心和所谓国威国光的虚荣心，乃至满足人们对敌国的憎恶之心。这不仅是缺乏纯正的文学价值，而且实际上是在表彰堕落、亵渎神圣。乔治·恩·罗伯特在其新著《爱国主义与帝国》中说道："以发现与文明生活相违背的一切动物本性为最优秀的文学，这是文学的耻辱。通篇没有爱情，所有的只是野蛮的妒忌之情，且以虚伪的博爱掩盖之，这是在伦理上极其恶劣的形式。文学乃是人生的道德食粮及快乐的源泉，而绝非叫嚣此等低劣情感的东西。"而我想进一步指出，他们所谓的鼓舞激励没有丝毫的博爱同情，不过是对动物性情欲的煽动。为了我国文学的前途，这样的文学是绝不应该祝贺的。

他们大概还会说，我们的文学失之于纤巧、优美、华丽，而见不到雄伟、高远、豪迈、悲壮的鸿篇巨制，因此需要咏诵战争讴歌勇士。这样的目的，看上去好像比较忠实于真正的文学，而古来不朽的文学也的确多有以战争和勇士为题材的。然而，这些文学的不朽，不在于鼓励赞美兽性的争斗，而在于其真、其善、其美。我们必须懂得，这种高尚的情怀唯存在于旷世的天才那里，古来的鸿篇巨制所取的题目、题材不在于战争或对战争的奖励，谁会去讴歌国旗，谁要去颂扬祖国呢？且看，荷马并没有只为了希腊而讴歌，莎士比亚并没有只谈英国，但丁也没有只为意大利歌唱。《哈姆莱特》《奥赛罗》之所以成为不朽的大作，并非因为激励了英国人的爱国心；荷马的名声不在于阿喀琉斯的愤怒与凯旋，而在于赫克托尔的苦恼与死亡。希腊文学的关键不在于散佚的军歌，而在于悲剧中的同情之深和思想家的沉思。它们之所以成为伟大的文学，不在于国家性而在于世界性，不在于一时性而在于永久性，不在于肉体情感而在于心理方面，不在于杀伐而在于大慈大悲，不在于国旗的荣誉而在于社会人生的光明，不在于对敌人的憎恶而在于对邻人的同情。

他们若追求雄伟、高远、豪迈、悲壮，并非一定要讴歌战争。我们来看文学上的经典，《法华经》以和平为经、博爱为纬，谁能说它不雄伟呢？杜甫、李白述说战争的残酷而希求生民的和平，有谁能说他们不悲壮呢？并非不可以赞美勇士，宇宙的森罗万象可任由自由取材，武勇、恋爱、剑戟、北京天津、箱根镰仓，均无不可，唯独不能是虚伪的、煽动的、野蛮的，而必须是大慈大悲的、世界性的、永久性的。如果只是一味以奖励战争、谄媚武人为能事，那么使我国文学灭亡的一定是世间所谓的战争文学。因此，今日之我国文坛不需要一百个吉卜林，却渴望一个托尔斯泰。各位作家及批评家，你们以为如何？

（原题为《所谓战争文学》，载于 1900 年 9 月 5 日

《日本人》）

十八　非政治论

不要相信政治，政治并非万能，如果认为社会的发展单靠政治的力量即可，那就大错特错了。

固然，政治乃是为社会为国民而不可避免要出现的一个现象，也是不可或缺的重要事物，然而在代议政治的时代，从某方面来说，政治又的确是其社会、国民性格意志的反映，是表现和实施社会中的国民自以为便利和善良意愿的机关，或者说是涂抹在该机关上的油膏而已。因此，当其社会和国民无秩序、无道德、无理想、无信仰而腐败堕落，仿佛浮游的蛙虫一样，那么在此基础上的政治也只能是姑息苟且的政治、糊涂糊弄的政治、腐败堕落的政治。其内阁和议会乃至国民和社会，也只是如浮游的蛙虫蠢蠢而动。我日本现在的政治不正处在这样的状态之下吗？

请看，日本的政治越发陷入困境，外交一步步走向失败，工商业萎靡不振，道德教育日益颓废，而我们的政治又能有多少拯救和恢复的力量呢？元老、议员、政党成员、学者、论客多年来为之挣扎乃至发狂发癫，但其施政的结果却是越来越糟糕，只见其弊害每时每刻在增大，却没有丝毫的成效。这是为什么呢？就在于他们以为政治有万能之力，只要依靠这种力量就可以解决所有问题。宗教和教育为政治所支配，工商经济也都依赖于政治的恩惠。不知为何，今日的政治成了只是助长国民腐败的涂抹在机构之上的油膏，其结果不过是徒劳无功而已。

因此，期待日本社会发达而国民繁荣的人要知道今日的政治终归是靠不住的，在欲使政治变成善治之前，首先要使国民在政治之外获得德义、信仰和理想，乃至必要的制裁、信誉，而后方能产生善治。愤慨于今日之事态的志士仁人，实际上必须在政治之外发现其战场，而为天下政治奔走的青年当于此有深思熟虑。

（载于 1899 年 1 月 13 日《万朝报》）

十九　无理想的国民

　　建筑工砌砖从地基层层垒砌到地上，所形成的直角不能有稍微的偏斜。这虽然原本是难以做到的，但必须在可能的范围内接近直角。人也是一样，不可能马上达到理想的境界，但在可能的范围内必须加以努力。这不正是卡莱尔在其英雄论中所说的观点吗？所谓国民的理想，不仅是建设国民精神的准绳，也是其思想的衣食营养。因此，没有理想的国民是最不可靠的，不努力走向理想的国民是可怜的。如果不按照准绳建设国民的精神，那么他们将成为没有衣食营养的贫困之民。

　　我日本在过去五十年间之所以取得了前所未有的进步，就在于国民有远大崇高的主义理想，并在其指引下勇猛精进而不曾退却。这个主义理想，最初被称为尊王攘夷，后来被叫作开国进取乃至民权运动。因时因地其形态和名称虽有不同，但其远大崇高的理想则一以贯之，这正是东洋一大文明国得以建成的原因所在。我国民忠于这个主义理想，他们或者是浪人、政治犯，或者是政党党员、工商业者，均赴汤蹈火威武不屈，弃生命与财产于不顾，而汇成了光彩的明治历史。现今又如何呢？忠于这个主义理想的那一代国民早已颓然老去，而新一代国民即现在的青年，他们脑海里却没有高远的主义、理想的一点儿影子。

请看今日举国上下，没有高远的理想，唯有眼前的肉欲，没有崇高的主义，唯有卑鄙的利益，不见是非曲直，唯有利害得失，不见道义，唯有金钱。五十年来向着自由、平等、博爱奋进的日本，如今却正在走向专制、利己的一途，最终将濒临腐败堕落。这真是让人不胜慨叹之至啊。

我们知道，对半死的老人责备其主义理想的失落，是无济于事的。只是看到现在的众多青年，如此没有主义理想而成为醉生梦死的人，呜呼，这不能不让我们慨叹与谁来共同经营这天下啊！由此我想到，艾德曼·巴尔克年仅三十岁，仍是一介布衣书生，靠卖文为生，其时偶遇汉密尔顿以年薪三百英镑许之做刀笔吏，条件是不再写自己的著作。巴尔克愤然说道，你是要阻碍我的希望、剥夺我的自由、永远废掉我的本领吗？！于是立刻与汉密尔顿绝交。呜呼，我国的青年有多少能够像巴尔克那样为所期望的自由与本领而抛掉眼前的利益呢？我们看到理想的日本完全堕落为物质的日本，则倍感国家的前途难以期待。

（载于 1900 年 5 月 14 日《万朝报》）

二十　国民的麻痹

水火触身而不知冷热，刀刃刺肉而不觉疼痛，浑浑噩噩虽未入眠却已在梦中，仿佛中山千日之醉一般，这不正是我国国民今日的状态吗？他们实际上已经到了精神麻痹的程度。

以往，常常称我国国民感受性强且感情炽烈，以至于为了仁义而不惜献身，为了忠爱而看轻生死，其中还大有类似于狂者的存在。只是，狂者之辈出乃是日本历史的光彩，也是我们之所以夸赞日本为君子国的原因。请看，我们战胜清朝固然与水陆将士的智勇分不开，但其一半的功劳则在于我国国民全体的狂热和一往无前的气概。战争（中日甲午战争）结束后，基罗尔先生离开清朝而夜航到日本时惊叹，自己的心情仿佛迎来了黎明一般。日本之所以能够博得这样的名誉，唯在于我国国民有无比的爱国精神和敢为的气概。

可是，仅仅过了三五年，当时狂热如烈火的爱国精神和敢为的气概今日何在？政府以黄金来蹂躏我们的宪政，议员不负代议的责任却追逐势利，而国民却恬然处之不为其腐败所愤怒。我们抛财舍命所得的名誉化为乌有，文明之国忽然变成了野蛮之域，而国民却恬然处之不为其退步而忧虑。政府以保护工商之名行笼络商人之策，以肥一己之私，而国民却恬然处之不问其非道义之责。政府向外国借款而开国家财政依靠他人的先河，弥补了一时的窘况却留下了百年大患，而国民却恬然处之丝毫不感到其危殆。宰相不德而世风日下乃至杀害亲人的凶犯出现，国民却恬然处之而对世道浇季的现状没有悲哀。我国政界的腐败、经济的不安、道德的世风日下，都必将使国家走向危亡的命运，而国民却冷淡处之几乎感觉不到。国民的麻痹可谓到了极致。古罗马就是这样灭亡的，如今的清朝也是这样或将走向灭亡的。苏轼曰"天下之患，莫大于不知其然而然，不知其然而然者，是拱手而待乱也"，我国国民其实不正是拱手而待乱的吗？

人服用过量的兴奋剂会使心气一时兴奋，稍后则昏迷不省人事，仅有一点点知觉而如被狐狸迷住一般。我国国民在日清战争（中日甲午战争）中过度兴奋，如今忽然陷入非常倦怠不知困睡的境地，其间，有盗欲掠其钱财，有贼欲夺其生命，而国民却浑然不觉，还做着股票高涨的幻梦。

三十年前，刺客夜行京都木屋町的客舍，斩了坂本龙马[①] 和

---

① 坂本龙马（1836—1867），日本土佐藩乡士，曾与西乡隆盛等策划萨长联合，致力于大政奉还。1867 年在京都的近江屋被幕府的巡视组杀害。

159

中冈慎太郎 ①。少许，有人吟诵着短歌走过楼道，抚摸着中冈慨然道：志士苦于孤身一人而世人却恬然行乐，世间真真可谓千差万别。我们今天也深有这样的慨叹。呜呼，国民若不尽早从其昏睡中醒来，家国的前途将如何啊！

（载于 1898 年 5 月 17 日《中央新闻》）

---

① 中冈慎太郎（1838—1867），出身于土佐藩的幕末志士，曾参与土佐勤王党，后为讨伐幕府而奔走。1867 年在京都与坂本龙马一起被暗杀。

二十一　目的与手段

　　天下社会可忧虑可慨叹的是，人们如此混淆甚至颠倒目的与手段的关系。人吃饭是为了活命，可是今人急于饮食而大有为饮食而饮食之状。武人习武为的是拨乱反正，而今人却急于功名而大有紊乱国家之状。医生原本是为了治病，可是今人却急于繁荣自己的事业而大有希望瘟疫流行之状。

　　饥饿则食，饱食而入睡，没有过去也没有将来，茫茫如梦而终其一生，这是禽兽鱼虫的生活。人则要有一定的理想目的，并以此为指令行事，此乃异于禽兽鱼虫的一个要件。因此，个人不能没有自己的理想目的，社会也不能没有社会的理想目标。古今东西的个人与社会要增进其进步与繁荣，则有赖于对理想和目的的忠实与热诚追求。

　　世间有为不正确的目的而采取不正手段的，不用说这是为该社会所不容许的。至于为了远大崇高或必要的目的而采用了污秽不正的手段，因此而怪罪远大崇高的目的理想本身，则过于残酷了。例如，束发四十周游四方而不得其志，遂甘愿倒行逆施的中国豪杰，其手段虽可憎恨而其志向却有可哀之处。为了生活而行盗，如雨果小说中的人物那样，其手段虽可憎恶而其情则有可惋惜之处。这些手段的污秽不正，实际上不在于目的怎样，其罪责自然别有所归。也即，社会或者个人的糊涂出于对目的过度追求，这是一个主要原因。我们虽认为这是大功小过而需要反省，但相信为了一定的目的、理想而进退而生死，实乃人类社会应为的本分。

那么，今日我国的现状又如何呢？有多少人是为了远大崇高的目的而行事的呢？他们并不热心忠实于其理想与目的，偶然有之也是中途就抛弃不顾了，或者因手段的难易和实现的迟早而几度改变其目的。这其实不是为了目的而选择手段，而是为了手段而确立目的。换言之，目的与手段完全是颠倒的，更甚者则是没有任何目的却假装有之，以至于野狗般彷徨、幼虫般蠕动。想来，政党的目的必在于其主义政见的实现。然而，如今的政党为了势力的扩张而完全牺牲了他们的主义和政见。政治家的目的必在于增进人民的利益，然而今日的议员政治家为了保全自己的利禄和权势而完全牺牲人民的利益。商人、教师、僧侣、学者也是如此，他们完全将目的和手段颠倒过来了。而对目的没有忠实和热诚，唯以手段为标准行事的国民，乃是不负责任的国民、浮躁轻薄的国民、自欺欺人的国民。古往今来，这样的国民最终没有不衰微灭亡的，念之令人忧心不已。

（载于 1900 年 6 月 12 日《万朝报》）

二十二　义务观念

义务观念，这个说法很陈旧，但它的意义却是崭新的。可以说，对我国国民而言这是最为欠缺或曰完全没有的观念。

试想，如今我国的朝野上下乃至整个社会，果真有一人能真正尽其义务吗？或者有尽义务之愿望吗？他们会说，如此这般乃是我的权利、我的利益。而只要有权利与利益在，他们就会像野猪一样猛奔过去，像秃鹰一样飞翔过去。官员滥用呵斥人民的权利，却丝毫没有保护人民使其方便的义务观念。商人只是滥用要求对商品付款的权利，而丝毫没有商品必须良好、坚固的义务观念。股东只知道享受利益分红的权利，却丝毫没有要尽事业繁荣的义务观念。议员只知道滥用赞成预算法案的权利，却丝毫没有预算的实施要有利于国家人民之利益和福祉的义务观念。而选民也只知道滥用选举权，却完全不懂得要尽完善宪政的义务。

不用说，真正的权利要伴随着真正的义务。对国家不尽义务者乃是不合格的国民，对社会不尽义务者乃是不合格的社会成员。既然是没有资格者，那么也就没有享受权利的道理。他们不是首先尽其义务却要求权利并滥用之，这不是权利，而是恣意妄为。这在个人乃是堕落，在社会则是毁灭。孟子曰"上下交征利而国危"，就是这个意思。

法国大革命之后，革命接着革命，颠覆连着颠覆，政体的变换不知有多少次，最终未能建立起牢固的基盘，其原因不在于没有智慧、没有胆识、没有勇气，而在于他们的社会只见权利而不见义务。只见权利而不见义务，其国家和社会不堕落也要崩溃。美国建国之初，如果华盛顿只强调权利和利益而连任第三届总统的话，我相信今日的美国一定是令人恐怖的世袭专制国家，即像法国那样革命接连不断。

要知道，日本今日的腐败堕落首先是由于国民缺乏义务的观念，由于不尽义务却唯独强调权利和利益的弊毒所致。因此要拯救日本，当务之急首先要唤醒并养成人民重义务、尽义务的观念。万人各尽其义务而不怠，那么真正的权利自然会到来。现今的青年先要对此有所心得，庶几才有望改进。

（载于 1901 年 7 月 11 日《万朝报》）

二十三　老人之手

有个老剑客曾对我们说，壮时击剑洞察时机的一刹那剑已出击，其间没有毫发的间隙，如今我的眼睛尚能看准而手跟不上了，呜呼，我已老矣。现今负责经营国家的人，其态度正与此相似。普天之下，萎靡沉滞麻痹浑噩至极，几乎僵尸一般，事事不尽人意，其原因何在？就在于经营国家的这些人已然老了，不仅年龄，就是心气也已经耗尽而衰老不堪了。

无法洞察时机，洞察到了也不能制御，正仿佛老剑客徒有心气而手足不敏捷一样。请看，在所谓政局展开的方面，他们是怎样尽力的；在整肃官员纪律、改善教育沉寂状况、解决财政危机等方面，他们又是如何操劳的吧。无论在哪一方面最终都没有丝毫的效果，萎靡沉滞麻痹浑噩一如旧态。国家社会的治理必须尽早与这些衰老者诀别。可笑的是，今天我们依然要靠伊藤博文[1]、大隈重信[2]这些老者以济天下。

维新之革命，实际上是在《干到底》的曲子伴奏下成就的，立宪代议制度则是当年自由党的志士唱着《没有人上之人》的歌曲而创立起来的。维新的功勋和政党的领袖，不管他们当年是如何易如反掌地成就了重大的革命事业，今天却连区区小问题也解决不了，这也不用见怪。正因为他们是以青年壮士的意气果敢行动而实现了当年的事业，而今的问题在于只是依靠这些老者。例如，在世风改良会主张安坐法而没有任何反响的板垣退助[3]，当年鼓吹民权自由的声音震撼了六十余州的山河。每想到这些就不能不慨叹，天下最可怜者岂止美人与名将的衰老。

藩阀老了，议会老了，政党老了，大学也老了。代议士、学者和商人，他们的年龄虽不过四十岁心态却全都衰老了。赶快把国家社会的经营事业移到我辈青年的手中，由此开拓出青年得意的时代吧。

我等代表天下有为的青年志士，向如今已然衰老的前辈致

---

[1] 伊藤博文（1841—1909），日本明治时代的政治家、元老。曾参加讨幕运动，维新后成为宪法制定的核心人物，历任首相等要职。1909年在哈尔滨被朝鲜独立运动活动家安重根暗杀。

[2] 大隈重信（1838—1922），日本近代政治家、教育家。历任维新政府的财政大臣、外相、首相等，创立早稻田大学。

[3] 板垣退助（1837—1919），日本近代政治家。曾参与讨幕运动、戊辰战争。后成为自由民权运动的领导者，创立自由党。帝国议会开设后，任立宪自由党总理。

谢。我等理解你们二十余年来的鞠躬尽瘁，然而今后的风云变幻，最终还要靠我们青年一显身手。观足下今日的沉滞、萎靡、昏睡的状态，就不能不想起老剑客的自白——我已老矣。如果只是靠一时的皮下注射以掩盖其衰老，则反而会增加疲劳的。

（载于 1900 年 4 月 25 日《万朝报》）

二十四　污辱文明的东西

　　身着西洋新式的衣帽，手携洋书，说话一定夹杂着洋文，扬扬得意自以为了解西洋文明的真意，见到与自己不同的人士立刻以蒙昧相称、以野蛮相嘲。这样的人近来日渐增多，而世间轻薄的人对此更是趋之若鹜。呜呼，这岂是真正的文明！

　　西洋 19 世纪文明的精髓，其实在于每个人抱有自由平等的理想，而富于独立自主的气象。法国大革命使欧洲的天地为之一新，首先源于对自由平等理想的追求，欧洲大陆各国订立宪法、开设议会以至于出现国民统一的兴隆现象，均有赖于这一理想的磅礴展开。大量的科学发明又导致产业大革命，这也是自由平等气象日积月累的结果。英国工商业占据世界市场的霸主地位，也来自此一气象的兴起。法国文艺的登峰造极，德国学术的渊薮荟萃，亦无不是这一理想、这种气象兴盛的结果。自由主义、帝国主义、社会主义也都来源于此。欧洲时常走在世界前面，富强时常冠绝世界，其原因也均在于此。故而，要理解西洋文明的真意并得享其恩泽，唯有涵养其理想、造就其气象，而不在于其衣帽，不在于其粉饰化妆，更不在于学走蟹步那样依样画葫芦。

且看那些以所谓文明来夸示的徒辈，丝毫不能让人感到他们在接近文明，一点儿这样的气象也没有。他们所崇拜的是贵族、藩阀、大勋位、侯爵，他们所期待的是官职、利禄、局长、公使。为了趋炎附势他们一定要谄媚，为了达到野心他们玩弄权术无所不用其极。在家则耽于赌博沉溺酒色，负债累累依然恬不知耻自称文明的绅士、文明的政治家。这难道不是对文明的最大污辱吗？

如此，他们的衣帽是文明的、文字和谈话是文明的，但眼底脑内唯有贵族、专制、官职、黄金白银、酒色、盲从、拍马屁。这难道不是披着文明外衣的野蛮人吗？我们相信，他们平素所嘲骂的所谓野蛮人，其思想其内涵并不如他们野蛮、鄙陋而意志薄弱，他们最近的扬扬得意招摇过市，绝非国家的幸事。

（载于 1900 年 10 月 10 日《万朝报》）

二十五　伊藤公爵的盛德

读书曾看到法国伟人卢梭的感叹，曰大人物如路旁所建白墙，路人皆可在上面涂鸦。我们对今日的伊藤博文公爵也甚有此感。

我们原本也没有视伊藤公爵为什么大人物，正如人们常说他是胆怯、狡猾、卑鄙、无耻的小人那样。然而，他的确在某一点上有着四千万国人中谁也无法企及、难以非议而无可指责的盛德。我们暂且称之为盛德吧，如果没有比这个更合适的名词。他的盛德不是别的，正是他肩负着史无前例的天赐宠幸。

我们且不问这种盛德是属于古来的君子还是小人，也不问伊藤公爵是否有获得这种宠幸的资格。我们只说他于现实中有这种盛德且冠绝天下，而在冠绝天下这一点上他就可以成为路旁的白墙，路人皆可以涂鸦之、污秽之，而他自己则无法除去也不能拒绝和逃遁，这不是十分可怜的吗？

自由党之所以拥戴他，是因为他有白墙式的盛德。那些政治上的顽皮鬼大都利用这块白墙，以夸示自己ヘマムシ草书^①的登堂入室。旧官员的幕僚、新近的学者之所以拥戴他，也是要利用这块白墙，以获得竞相涂写男女同撑一把伞式图样的快乐。其他一些政治家实业家式的游客也纷纷奔向白墙，在上面刻上自己的名字或提笔留下感想。如此这般，才有了皎然生辉、纵横涂抹而上下挥洒的模样，只是黑压压一片分不出哪是书法的文字，哪是男女同撑一把伞的图样，而唯有等待它的剥落了。

今天他就处在这样的境地，若没有这样的盛德就绝不会引起行人的注目，也不会有如此无法抹去的污辱和无法逃遁的窘迫。他被抬举被利用，不仅要忍受内地游客在上面涂抹，更难逃外国政治游客在上面挥洒文字的命运。因而，他就处于前进不成后退不能的懊恼悔恨的状态，只能隐忍着。

渡边无边也是在这白墙上大挥笔墨的人，涂抹的如鸭如牛一样的丑陋，正欲离开却发现下面还有一点点空白处……呜呼，盛德——白墙的盛德，我们感到的只是可怜，而没有羡慕。

（载于 1900 年 10 月 15 日《万朝报》）

---

① ヘマムシ草书，一种文字游戏。取片假名ヘ、マ、ム、シ分别代表头、目、鼻、口以比喻身体，暗示涂鸦已然登堂入室。

二十六　平凡的巨人

所谓巨人有两种：一种是可以挥洒其奇才和身手而演出非凡的一幕幕活剧，一时间震撼天下之耳目而博得江湖喝彩的；另一种是其行状并没有脱离常轨，也不见有什么奇异之处，其积善立德之高最终受到一代人的钦佩。我们如果将前者称为非凡的巨人，那么后者则可以名之曰平凡的巨人。

非凡的巨人多来自军人、政治家，平凡的巨人则产生于独具特征的学者、教育家、宗教家。有史以来，非凡的巨人虽为数众多，却少有利于国家和民众的。平凡的巨人虽为数不多，却大大有益于社会文明。非凡的巨人，如奇岩怪石奔流飞瀑而惊心动魄，但其功绩也只是为文人墨客多所取材。平凡的巨人，如一块土地上巍峨耸立的高山，如一道道溪流汇集而成汪洋的江海，其事其物虽然寻常，却能使万民得衣食而生息。

两种巨人：一个是暴力的，另一个是义理的；一个靠才智，另一个靠德行；一个是人爵，另一个是天爵；一个为物质的，另

一个为精神的。因此，一个显于眼前，另一个则不朽。我们所
希望的，比起千百个非凡的巨人更在于一个平凡的巨人。试看，
明治维新以来有多少非凡的巨人出现，木户孝允、西乡隆盛^①、
大久保利通^②、岩崎弥之助^③ 均属此类。至于平凡的巨人到底有谁
呢？我们也只能想到福泽谕吉，他似乎可以归于此类。

恕我直言，福泽翁平生的见解有很多也不是我们所能够折服
的。然而，他一生讲究泰西文明之学问而教育群英，革新了一代
人的思想，由此铸就了现今日本的文明，其功业千古不可磨灭。
孔子曰，微管仲吾其被发左衽。想来福泽翁的功业不在管仲之
下，若没有他的出现我国国运能有如此的进步吗？我国国民实在
多托福于福泽翁。

然而这还是次要的，我们尤其倾倒于福泽翁的学问文章及其
人本身，倾倒于他乃是平凡的巨人。福泽翁实际上安于平凡而并
不期待自己的非凡，在东都^④ 战火纷飞的当时他得以从容讲学，
便是为此。长达四十年之久而能够如圣者一般诲人不倦，实际上

---

① 西乡隆盛（1828—1877），日本幕末、维新时期的政治家，萨摩藩藩士。曾
　领导萨摩藩倒幕，维新政府成立后任陆军大将。1877 年受私塾学校党的拥
　戴举兵发起西南战争，失败后自杀。
② 大久保利通（1830—1878），日本幕末、维新时期的政治家，与西乡隆盛一
　起领导萨摩藩发起倒幕。曾担任维新政府的要职，如出洋考察的岩仓使节团
　副使、内务大臣等。
③ 岩崎弥之助（1851—1908），日本明治时期的实业家、三菱财阀的创立者。
④ 东都，特指江户和后来的东京。

也是因为这一点。他长期作为无官阶的一介平民，有富贵不能淫的道德，有威武不能屈的操守，至死不渝，同样是因为这一点。作为一代师表，他对我国思想界的大革新功高至伟，原因在此。而福泽翁之所以是一代巨人，全在于其不屈不挠彻底履行了自己平凡的天职。在于尽自己的本分而百折不回，在于不期待非凡。如今，此人已不在世间。比起千百个非凡的巨人，我们真希望有这样一个平凡的巨人在。如今，此人已不在人间，我们不能不为之惋惜。

（载于 1901 年 2 月 6 日《万朝报》）

二十七 读修身要领

福泽谕吉选编的修身要领，强调"今天之男女于今日社会的处世之道"，的确别具慧眼而为寻常腐儒所绝难企及。毫无疑问，这是最近教育界的重要书籍。然而，我们一读之下甚有隔靴搔痒之感，再读之后不禁感到恐惧。何以如此呢？

修身要领从第一条至第二十九条，以独立自尊的主义一以贯之。而福泽翁对这个主义解释说："保全身心的独立，尊重自身而不辱于人之品位，这便是独立自尊的人。"又说"独立自尊的人应该是自己劳动养活自身的人"，要"注意身体而保持健康"，"要有勇气进取"。以上是独立自尊主义定义的概要。如果是这样的解释，我们当然对独立自尊没有丝毫的隔阂，相信这在保全个人人格方面非常必要。然而，"今天之男女于今日社会"只求其独立自尊之实，以此便能成全其义务本分吗？

我们不能忘记人聚集而成国家，这个人也变成了国民的一员。同样，我们也不能忘记人形成社会，其人必定始终是社会的一分子。如果是掘井饮水耕田自食，或者是帝力所不及的太古之人那也罢了，文明的进步促成了分工的社会，分工的社会最终使人成为不可能完全独善其身的人。从商绝不能仅以此而获食，事农也绝不能仅以此而获衣，社会的每个人要相互扶持如豺与狼相助一样，一刻也不能彼此分开。而个人的独立自尊只有作为社会的一分子才能得到其之实，如果与社会组织发生扞格冲突而叛离，则个人马上会成为不完全而无法独善其身的人。故此人身处此世，作为个人在保全其独立自尊的同时，也要作为社会的一分子取得与社会平等调和之实。就是说，不能不服从该社会的功德，也不能不为该社会尽其公义。进而言之，必须有为了社会的公共福利而牺牲个人的这样一种自觉。如此这般，人才能处此社会而成全其作为人的本分。今日文明社会的修身要领，怎么可以等闲视之呢？然而，福泽翁的修身要领以个人的独立自尊为重，至于对社会的平等调和及公义公德的训诲则过于轻视。在第十三条至第十九条之间虽有一些对社会之道的说明，但也只是强调"健全社会的基础在于一人一家的独立自尊"，"社会共存之道在于互不侵犯、互不伤害彼此的独立自尊"，"报仇是野蛮的"，"与人交往应以信为宗旨"，"礼仪做法乃是交际的工具"，"以爱己之念推及他人，勉力减轻他人痛苦而增进其福利，这种博爱行为乃是人间的美德"，如此而已。而且，这些都是为了个人的独立自尊，并没有讲到为增进社会整体的福利而牺牲个人的本分、义务和德行。尤其当我们看到，在第二十二条、第二十三条、第二十四条涉及服从军事而为国家负担费用，有外患则不惜抛洒生命财产与敌战斗等条时，并没有进而讲到为了全社会人民而杀身成仁的高尚道德，实在可惜。

如此这般的修身要领，重独立自尊而轻平等调和，只见个人的道德而几乎没有个人对社会的公道公德，这正是我们有隔靴搔痒之感的原因。而以这样的方针为当今修身的要领，我们一想到其后果便不能不感到深深的忧惧。

独立自尊乃是个人主义的精髓中枢所在。我们知道，欧洲各国得以从君主专制的桎梏中获得解放，而使 19 世纪的文明放射出光芒，实在是得益于个人自由主义。我们也知道，我国今日的文明得益于福泽翁传播个人自由主义，而改变了一代人思想这一大功绩。然而，世道人心在时刻转变，以干羽之舞不能解平城之围，个人自由主义之文明果然能够永远保持其功效吗？

盾有两面物有两端，利弊无处不相伴而生。个人主义的另一面是利己主义。当贵族专制和封建阶级的弊害达到顶点而人民几乎沉沦于奴隶境地的时候，个人自由和独立自尊的主义实在是世界的救世主。福泽翁于此时奉承救世主以奏空前的丰功伟绩，因此坚持其主义而逾数十年不曾改变，其修身要领也以此为骨架。然而，且看今日打破阶级界限而出现秩序崩溃，自由竞争变成弱肉强食，个人自由主义则显现出其另一面的利己主义，其弊害蔓延四海。当此之际，单单以所谓独立自尊为每个人的修身要领，能不产生危险吗？

我们原本并非强调为了社会而埋没个人，然而正如社会不能埋没个人那样，处此文明社会也绝不能以个人为先而以社会为后。其修身之道、道德之教也必须遵从一时代的理想，不可能有不以社会大多数的福祉为其标准的公义公德。社会的公义公德未必与独立自尊相背反。福泽翁的意思虽然原本也并不是要不顾公义公德，但其父的报仇必导致其子的浩劫，独立自尊就由此一变而为利己主义，利己主义在多数场合下则不能不成为对社会的背德。这是我们所深深恐惧的。如果有幸没有成为利己主义而只是一种高蹈的隐者，那么伯夷、严子陵、司马徽也都可以是独立自尊的人。可是，这在今日的社会里却是可遇不可求的。

修身要领也讲到博爱，然而也只是"以爱己之念推及他人"的美德。如果是以爱己之念推及他人的美德，那么还是没有离开利己之心。实际上，"尊重他人的权利幸福"和"与人交往应以信为宗旨"，都还是为了"独立自尊"，都还是将利己心推及他人，这岂能成为真正的道德？世间真正的道德，在于每个人对社会尽其责任义务，而不在于指望回报。指望回报的人，就如同追逐自己的影子一样。只有不指望回报，为了完成对社会的责任义务而不惜抛弃一己一家的幸福乃至财产生命，这样才能有大君子、大改革家横空出世。

因此，独立自尊之教一定要伴随着调和平等之德，自爱之念必须有博爱之心相伴。如果没有调和平等之德制御这个独立自尊，那么博爱之心怎能随之产生呢？独立自尊和个人自由的主义也将立刻变成不道德的利己主义，变成令人厌恶的弱肉强食，这难道不正是今日的实际状况吗？

而今日的担忧在于个人主义的弊害已登峰造极，在于利己主义的盛行，在于有自由竞争而没有平等调和，有个人而没有国家，有国家而没有社会。换言之，在于未能以社会的公义公德来规范个人，反而是个人自身的利益左右着社会的福利。此时此刻，不强调社会的调和平等、公义公德而只讲个人的独立自尊，这实在是火上浇油，其结果令人忧惧。

我们并非如曲学阿世之徒那样，以不讲究忠孝而无理指责这个修身要领，只是惋惜于它没有以真正的社会观念来奖励义勇奉公之心的条款。如果能够设置这样的条款，那么忠孝也就自然包含其中了。

（连载于 1900 年 3 月 6—7 日《万朝报》）

二十八　祭自由党①文

　　岁在庚子八月某夜，金风淅沥白露天高，忽然有一星陨落。呜呼，自由党亡矣，而其光荣之历史岂能全数抹杀。

　　呜呼，汝等自由党之事，吾等不忍言之。遥想二十余年前，正值专制压迫之毒素滔滔横溢于四海，维新中兴之宏谟大遭顿挫之际，祖宗在天之灵赫然降生汝等自由党于大地，扬其呱呱坠地之声，放其浑圆光彩，而汝等之父母实为我乾坤自由平等之磅礴正气、震荡世界之文明进步大潮也。

　　由此，汝等自由党为自由平等而战、为文明进步而斗，见义勇为蹈正无畏，千挫不屈百折不挠，凛然之意气精神，果有秋霜烈日之慨。而今安在哉？

---

① 自由党，日本最早的政党之一，成立于1881年，板垣退助任总理，以自由民权的伸张和立宪政体的确立为党纲。1898年与曾经对立的进步党合并，1900年进而与政友会合流。

汝等自由党之结成，正值政府压迫日甚一日、迫害愈演愈烈之时。言论遭钳制，集会遭禁止，请愿遭防范，故有逮捕有放逐有牢狱有断头台。而汝等视鼎镬如饴糖，荡尽千万钱财，损毁数百生命而不悔，岂非因汝等理想信仰之固千古不渝也。而今安在哉！

汝等自由党如此成堂堂大丈夫，几多志士仁人绞五腹六脏洒热泪鲜血，成就其食粮、殿堂乃至历史。呜呼，田母野、村松、马场①、赤井诸君乃溅热泪鲜血之志士仁人，彼等望自由党光荣之洋洋前景，从容含笑而赴死。当时，谁知诸君之死即自由党之死乎？谁知彼等之热泪鲜血，他日竟成其仇敌专制主义者唯一之装饰。呜呼，此热泪鲜血丹忱碧化，而今安在哉！

汝等自由党，当初以圣贤之骨，具英雄之胆，目如日月，舌如霹雳，攻无不取而战无不克。以此开拓立宪代议制一新天地，建斡旋乾坤之伟业。然汝等非守成之才，其倾覆亦比之建武中兴尤脆弱也，旋即为野蛮专制强敌所征服。汝等之光荣历史乃至名誉之大业，而今安在哉！

进而思之，吾少年时寓林有造②君家。一夕寒风凛冽。萨长

---

① 马场辰猪（1850—1888），日本近代政治家、思想家。出身高知藩藩士之门，曾留学英国，后以自由党身份致力于普及民权思想。主要著作有《天赋人权论》等。

② 林有造（1842—1921），近代日本政治家，土佐藩藩士。曾协助板垣退助积极参与自由民权运动，后成为自由党及政友会的领袖。

政府突如其来，捕吾人与林君，放逐于东京三里之外[①]。当时诸君发指之状，宛然在目未尝忘也。然且看今日诸君之忠实政友，发布驱逐令之总理伊藤公爵、内相山县公爵视自由党之死如路人。而吾人独握一管之笔，掉三寸之舌，尚为自由平等文明进步奋斗之。吊汝等自由党之死，祭汝等自由党之灵，不能不抚今追昔。陆游尝望剑阁诸峰而慨然赋曰：阴平穷寇非难御，如此江山坐付人。呜呼，专制主义之穷寇难御，而光荣之汝等历史如今全遭抹杀。吾唯吟此句以吊汝等，自由党有灵仿佛兮，其来飨。

（载于 1900 年 8 月 30 日《万朝报》）

---

① 幸德秋水早年曾与林有造、板垣退助等自由党人士多有交游并参与自由民权运动。1887 年因触犯了政府的"治安条例"，与五百余名政治活动家一起被逐出东京。

二十九　岁末的痛苦

古人所谓"变化不均之世定数难逃"的岁末终于来临，人要获得金钱，却因为难以获得而懊恼、悔恨、恐慌，而狼狈奔走，照例如此。

我们人类为了这岁末的痛苦，不知有多少幸福遭到剥夺。社会文明因这岁末的痛苦，不知有多少进步发达遭到阻碍。也因此，很多宝贵的时间被消磨，很多智力和体力被耗尽，很多健康受到损害，很多脸面遭到屈辱。更有甚者，众多的诈骗、威胁、盗窃和凶杀由此一日的痛苦而发生，以至于给社会留下了百年的祸害。

人类要永远忍受这样的痛苦，身处社会先觉地位的人士只能永远漠视之吗？或曰旁观这人类的痛苦和文明的进步受到阻碍吗？

请勿言，这是社会的自然状态，是终归无法去除的痛苦。根本不是这么回事。如果可以称此为自然状态，那么人有疾病不也是自然状态吗？我们依靠生理学和医药之术的进步能够治愈疾病，怎么会有以文明的进步无法除去这社会性痛苦的道理呢？而我们在断定能否除去之前，首先要对其产生的原因查点一番。

或许有人会说，众多人类的岁末痛苦其原因说来甚为浅显易懂，即他们缺少金钱。如果他们要消除这一痛苦，让他们挣钱就可以了。

然而，他们有获得金钱的途径吗？他们大多数现在每天正在从事财富的生产，而社会果然没有救济他们贫困状态的金钱吗？不，富豪的仓库里不是储藏着莫大的财富吗？财富就在那里，增加财富生产的途径也早已有了，但缺少代表财富之金钱的人为什么还如此之多呢？因此我们知道，他们岁末的痛苦，这不堪忍受也无法旁观的痛苦，其产生的缘由就在于财富分配的不公，就在于财富只积累在一小部分人手中。

今日的社会，财富分配已经失去公平。财富的大部分并没有归于为生产财富而劳动的大多数人民，而是被徒手获食的少数资本家所夺走，其不公正和非道义无须论述。当财富为资本家所私有，生产放任于自由竞争，其间无法避免的弊害已为欧美的志士仁人所指出，也是我们平生所呼吁之事。因而，如果要防止财富只聚积在一部分人手中，首先要将土地和资本从资本家手中移交给大多数人民归于公有，如果能够这样，生产的财富不仅可以公平分配，也可以使资本家不得徒手获食，以至于社会整体的生产额不断增加，那么大多数人类就不必体尝岁末的痛苦了。他们要永远摆脱岁末的痛苦唯有资本公有化，我们称之为社会主义的就是这种制度。

我们没有在此详细讲述社会主义逻辑的闲暇，也不想费力说明其实行的手段方法。我们只是要向真正为大多数人民的福祉、为社会文明进步尽义务的志士仁人说明，岁末的痛苦首先在于财富分配的不公平，财富分配的不公平首先在于资本家的横暴，资本家的横暴则在于允许资本的私有。曾以大多数人的团结努力，从封建诸侯和萨长藩阀手里夺取政治权利而平等地归还给社会的诸君，何不再将经济权利从资本家手中夺取而平等地归于社会呢？当时的尊王讨幕党、当时的自由改进党何不进而变成民主社会党呢？这仿佛为长者折枝一样容易，并非夹着泰山而跨越北海那么难。

（载于 1900 年 12 月 17 日《万朝报》）

三十　新年的欢喜

快乐啊，新年！新年的快乐不在于悬挂门松①，没有门松的家庭也一样快乐；不在于喝屠苏酒，没有屠苏酒的人家也一样高兴；不在于有钱花，不在于有漂亮衣服穿，也不在于要妆红粉，没钱没漂亮衣服没红粉也一样喜悦。

我与他人乃至社会因向死亡又走近了一岁而有逝水流年之感，然而人们还是要欢庆新年，这原因就在于此时此刻我与他人与社会一起获得了正义、自由、平等。

人各有两端，世间没有纯粹的善人，也没有纯粹的恶人。只是平日，要遇到很多竞争、诱惑、感奋，而多显露出善性或者恶性。善恶常常相伴而生，利益往往彼此相争，其苦劳几乎不堪为生。只是在除夕之夜，伴随着一百〇八声钟声敲响，这种竞争、

① 悬挂门松，日本的过年习俗。新年前，为迎接岁神的到来，家家门口要张挂松枝。

诱惑、感奋将全部停息。众人会感到虚心、坦怀、心宽、体胖，而不再有利害的芥蒂。由此，其行状、思考、耳闻目睹、言语行为都体现出善、正义，天下也不会露出一丝一毫的不公正与非道德。新年之乐岂不适宜乎？人与社会既已获得正义，岂不自由乎？所以，没有比新年的天地更自由的了。金鸡唱晓新年来临，其最初的一周间，没有金钱的负担压迫我，没有权利的威逼折磨我，也没有利欲争夺我，唯有顶天立地纵横无碍的自由自在，人与社会由此得到自由，新年的快乐岂不适宜乎？

各自既获得了自由也需要有平等，千家万户唯有门松的大小不同。世界实现了平等，不仅主人，就是仆人也各有自己的新年。女仆人和小姐可以一起踢羽毛毽子，杂役和少爷可以同时放风筝，阶级被消除了而差别全不存在。一堂之上唯有雍雍熙熙，一家之中唯有融融泄泄。得此平等，新年岂不乐乎？

人生的目的实际上就在于正义、自由和平等，得此三者人也会成为圣人，社会也就成了天堂。年年岁岁一步步接近死亡，但人们依然会感到新年的快乐，就在于有暂时的自由、正义与平等。实际上，如果得到了这些，即使没有新年，也会有新年一般的快乐。呜呼，一年三百六十五天除了新年这一周之外，却没有正义、自由与平等的天地，辛苦一生不堪忍受，这是谁的过错呢？

（载于 1900 年 1 月 5 日《万朝报》）

三十一 高中教育的问题

　　最近，我有一个为文明进步与国家富强而不堪苦恼叹息的大问题，这个问题每天逼迫着我急于获得解释，这就是国民被拒于高中教育门外的问题。

　　希望上高中的人年年在增多，然而得以考入的只是考生的十分之一，十分之九则被拒之门外。要问其原因，据说在于高中的数量有限而设备不足，无法容纳更多的人，其准入者大都是考试成绩最高者。因此，无论平时学力如何优秀，品性如何端庄，资金如何充裕，考试之际若得不到最高分则难免落第的羞耻。即使百人中有十人及第，与第十位有一分之差的也不能不接受不幸的命运。这真是不幸的命运，虽然并非该人的罪过，但其前途却完全被断送了。

　　我们曾见到学习刻苦成绩优等的一个学生，数次考试未能及第，灰心沮丧之余最终堕落了。我们还见到另一个学生，把责任归结到自己的学力不足，而过度用功的结果导致身心衰弱，患上了肺病。这只是我们所知道的实际例子，升学遭拒绝影响到我国国民的发达，其弊害实在让人心惊胆战。

国家为了共同的福利也为了文明的进步，必然有教育国民的责任。即使国民接受教育的意图很低，也要千方百计地加以奖励，这是不用说的。小学儿童强制入学，实际上就是因为如此。小学已经实行强制教育，一般中学也已开放，终于具备了接受高中教育的资格，可是却被拒之门外，这不是十分残酷的事情吗？而且，也完全没有道理。想来，如果国家强制而予以奖励，人民竞相有了接受高中教育的意愿，那实在是国家的幸事。现在反而加以拒绝甚至防备，这不是令人大为叹息的事情吗？

既然我们国民拥有相当的学力和学资，就应该都有平等接受高中教育的权利与权力。而现在，因为教育界的无知和文政当局的无能，我们十分之九的青年被剥夺了此重大神圣的权利，我们国家为此每年要失去十分之九的学者。

我们愤慨于现今大学里的那帮人，他们常常垄断学术而有阻碍高等知识普及的倾向。这还情有可原，更严重的是有了升高中上大学的出色资格而因落第不得不流泪，这实在是令人不堪忍受的事情。考试不是为了拒绝学生，如果只想通过考试拒绝他们入学，那么实在令人不堪忍受！这岂不是经世致用的君子们要三思的问题吗？

那么，我们该怎么办呢？最关键的是要奖励私立高中的建立，私立学校要与公立的有同等资格，由此转变一意孤行只办官学的观念。这是我们大体上的方针，至于详细的论述只好有待他日了。

（载于 1901 年 9 月 6 日《万朝报》）

三十二　恋爱文学

有一美女嫁给富豪为妻，她背着丈夫与画家恋爱。而这个画家乃是美女的妹妹早已许嫁的丈夫，其同父异母的女儿也在爱慕这位画家。结果，母女姊妹为了一个男人而暗中相争。另一方面，寄食画家家中的一名书生初与婢女私通，后更与这美女及其母亲相恋，以至于最终和画家的妻子有了奸情。以上，便是最近某知名作家所著小说的情节和角色。

读者诸君，如此这般的文学给现时社会带来的影响如何呢？特别是影响及于青少年的结果会怎样呢？我们念及于此，不能不深感恐惧。

这样的事情实在是乱伦、猥亵至极，而对此露骨的谈论，怎能不令人皱眉呕吐，有谁愿意在家中当着孩子的面谈论这些呢？然而，表现这种乱伦猥亵的小说却公然出现在报纸杂志的广告中，世间的少男少女争相阅读，这是为什么？就因为如此乱伦丑陋的事件，作者用巧妙的文字加以描写，以让读者产生些许快感为满足。以皱眉和呕吐的心情看待这事情尤可，若以快感来接受且津津有味地读之，其危害不知怎样呢！

我们并非为了攻击某作家而出此言论，而是出于对如今所谓恋爱文学的弊端之多发出感慨。请到神田、本乡的杂志店铺看看吧。其中摆放的书籍，大部分的书名都冠以恋爱、妇女、情话等字眼。其内容大多是古今的情话、恋爱的诗歌。甚至还有以奖励的笔法对此加以叙述、讲读、咏叹的。而阅读者多为未婚的少男少女，他们还是一些未曾遭遇世态炎凉，仍在空想而做着蔷薇色的梦的人。针对这些易遭感染的少男少女，文学家以甘甜如蜜的色情加以诱惑，而美其名曰神圣的恋爱、高洁的爱情。同时，巧妙地把宇宙、自然、人生等高尚的话题拿过来，夹杂着恋爱一词而塞给读者。如果我们知道这不过是提供一种说辞的方便，那么对少男少女的言行日渐堕落，也就不足为怪了。

我们并非要文学成为劝善惩恶的工具，也不是要小说诗歌直接为伦理教育所用。然而，以文学艺术为事业的人其理想必须是善的、真的，如果只以引起读者快感为能事，那只是古今的通俗小说家、相声人、说书人所为的事情，而非艺术家、文学家所当为。更何况，他们的著书写作正使众多少男少女走向腐败堕落，这是不争的事实。他们难免损害人之子的罪过。

不仅是专业的艺术家、文学家，身处神圣的宗教界而在杂志上公然刊出引诱他人妻子之策，或在女学校的讲堂宣讲生殖器的作用，这实在是荒谬绝伦的。最近文艺界的趋向，至此不能不让人深感悲哀。

当然，我们并不是胡乱地督促当局的官僚们对言论出版严加取缔。他们一向无知无识而玉石不分，其所施政策常常产生阻碍文艺进步的后果。我们只是感到，世间怀有正义感而慨叹腐败堕落的人士，有必要对这种丑陋猥亵的文学施以猛烈的社会性制裁。

（原题为《恋爱文学的毒害》，载于 1901 年 7 月 7 日

《万朝报》）

三十三　自杀论

在日本最可悲哀的事情是自杀者众多，被杀害的人数每年有一千余人，而自杀者每年竟达七千人以上，这数字还有一点一点增加的趋势。明治三十一年（1898），自杀者人数几乎达到了八千七百人。

从某个侧面观之，在日本曾有自杀很是荣誉的时代。可是，今天的自杀多出于穷苦和悔恨，即是一种意志薄弱的表现。本来，自杀者绝没有意志坚强的人，自杀者众多的国家也绝不会成为富强的国家。如果自杀者每年接近九千人的话，那么国家的前途就甚可忧虑了。

自杀者众多不仅代表着国民精神上的脆弱，也表现出物质、经济上的疲惫。这种现象从政治、军备、议会方面都很难治疗，只能依靠此外的道德宗教和工商业的发达。

稍使人感兴趣的是，自杀者中上吊自杀的最多。自杀者的半数以上是上吊，其次是投水自尽，再次是以刀具结束生命，而采用服剧毒或手枪自杀的极为罕见。其原因，当然是上吊自杀最方便快捷。投水自杀也很容易，但寒冷的冬天则难以实行，即使是想死也不喜欢遭逢寒冷的日子。服剧毒的仅限于医学院的学生或职工的情死，但每年大概也有上百人。

自杀的确是一种病态作用的结果，而自杀者众多的国民绝不是健全的国民。古代的武士为义自杀会觉得很荣誉，但这只能说是不健全的教育之结果。武士本身做了不义和罪恶的事，认为可以通过自杀而抵消，这是大错特错的。虽说大错特错，但还可以理解。至于他们只是因为无法忍受自己心里的愧疚，烦闷之余而发狂，为了忘记这痛苦而自杀，则完全是一种精神上不健全的人。

世上有各种病态作用的结果，但没有什么理由就是想死的也大有人在。也有多次试图自杀而被别人救起至今仍活着的，这大概就是世间所谓被死神诱惑了的人。从整体的病态作用的结果来看，这些也并非不可思议。死神诱惑之外，还有一种偷盗病，这是一种因好奇心而见到别人的财物就想偷窃的病。卢梭在《忏悔录》一书中就讲到自己少年时虽无必要却行盗的事情，这无疑也是一种病态作用的结果。另外，也有赴宴会而将杯子酒壶什么的悄悄放到自己的袖子里或怀中的人，这是一种好奇心使然，而几乎也成了一种病态。

前不久，大隈重信先生对某报纸记者说，伊藤博文的放荡好像也是一种毛病，据我等所闻的确如此。伊藤一遇到某种场合便身不由己而做出不轨行迹，这已经成了他今天生活中不可缺少的一部分。如果让他断了酒和女人，伊藤公爵也将变成一个年迈昏聩的老头。这是一位有名的医生说的。

自杀是心理生理不健全的结果，可以说从国家的角度着想很值得忧虑。至于说自杀又是道德上的一种罪恶，则需要进一步研究。

自杀是不道德的，有位先生经常这样说。但这一问题在欧美各国仍在论争中，尚没有定论。《孝经》有言"身体发肤，受之父母，不敢毁伤，孝之始也"，就是说，无论有什么理由自杀都是一种不孝。另一方面孔子又说"杀身成仁"，看来仁与孝也并非相悖的道理。

在西方自杀乃不道德的罪恶，这种说法更为有势力。因为，他们认为生命神授，生与死唯有听凭上帝的安排。然而，这也是要重新考虑的。即使人的生命得之于神，也不能断言自杀就违背了神的旨意吧。古代东西方的宗教大都奖励自杀，无论是旧约还是新约圣书都没有谴责自杀的地方，古代耶稣教徒的自杀是很普通的事情。

而视自杀为罪恶的观点认为，这有悖于人类的自然属性，思想正常的人谁都会乐生而悲死，既然作为社会之一员生来有对社会尽义务的责任，那么未尽义务便擅自自杀则是不好的。

另一方面持反对意见的则认为，人生未必要遵从自然的属性，例如，药物的进步不是很反自然吗？另外，心理或生理不健全的人乃是社会的危害，他们的自杀反而是对社会尽了义务。身患不治之症的若尽早自杀，亦是善事。

因此，我们懂得自杀于神于人都绝非不道德的行为，但也并非健全的人所应为。自杀者，是非常懦弱非常愚蠢乃至疯狂的人。

社会因竞争而进步，因优胜劣败而自然淘汰，所以在这个竞争场中有残疾的人是无法胜出的，他们赶快自杀了，反倒对社会全体有益。

这种不完全者单纯受到世袭或地位等的保护，出现很多在竞争场之外贪图安逸的人。他们反而对社会来说是一种罪人，至少是一些完全靠自己而无法独立自生的家伙，他们死了也是好事。

日本自杀者之多乃是不健全者众多的证据，虽然可悲但也无法强要那些不完全者独立自强。今后若每年有五六万自杀者出现，那么日本当会更加富强了吧。

（载于 1900 年 10 月《千代田每日晚报》）

三十四　宴会的不完整

最近，社会上有人数众多的大宴会很缺乏品位和秩序，其狼狈的煞风景状态实在令人难以忍受。

送别会也好，联谊会、婚礼宴、祝贺宴也好，还有其他不管什么名目的宴会，只有名目却完全没有实质的内涵。他们个个只在意喝酒、烂醉、放歌乱舞、戏谑打闹。而不能喝酒烂醉放歌乱舞戏谑的人，则仿佛没有列席宴会的资格一样。例如，召开送别会，如果关键的主宾是个沉默寡言的人，会被人们立刻撇在一边不管。又如，设宴招待许多人的场合，酒至半酣而主人先醉了，客人则大多数闲得无聊。更有甚者，联谊会上面对并排而坐的人一言不发，唯欲调戏艺伎而旁若无人，暗中取悦于女人。那些歌舞艺伎之辈则往往跑到相识的老顾客面前，而冷落了其他人。如此这般，各种宴会都可见极端混乱、狼狈的丑态，除了三五个败类之外大家都很愤愤不平、很不愉快。呜呼，这样的宴会目的何在？

要想一饮而醉，无妨自己喝了醉了；要想放歌乱舞，自己去唱歌跳舞好了。但这应该是在以醉酒乱舞为目的的时间和地点，以送别、联谊等为目的的交际宴会上则需要有与此目的相合的体面、品位和秩序，必须伴随着交际上的礼仪和愉快。一旦酒杯在手，一场演说也变成了嘲骂，这应该是绅士所最感可耻的。

以上各点，在日本料理店举行的宴会中尤有可耻者，表明了我国交际社会的水平低下。要矫正这一鄙陋的风气，首先须改良宴会的举办方法、饮食的量和时间的限制，以及筹办者的计划安排等。总之，要有一定的规矩和仪式以保障其品位和秩序，这是极为重要的。至于西洋菜馆中的宴会，其状态稍微理想一些。我们未必要讲究饮食上的日、中、西的不同，至于宴会的方式则需要像西洋菜馆那样。与此同时，我们奉劝参加宴会的人士也对自己的品性多加谨慎。

（载于 1900 年 1 月 14 日《万朝报》）

译者解说

在20世纪开元之际，东亚一位青年敏锐感应到世界风云的剧烈变幻，奋笔疾书著成《20世纪之怪物帝国主义》（1901，以下简称《帝国主义》）、《倡言社会主义》（1902）等著作，在发出"呜呼，帝国主义盛行之势，将给我们20世纪的天地带来寂寥的净土，还是会使之坠入黑暗的地狱？是进步还是腐败与灾难？"的惊叹的同时，断言社会主义必将取代帝国主义成为20世纪的潮流。这仿佛天籁之声预告了20世纪整整四分之三时间里世界两大势力——资本主义和社会主义激烈对抗的历史大势。

这位青年，即日本反帝反战和宣传社会主义思想的先驱幸德秋水①。然而，就在《帝国主义》刊行十年后的1911年，年仅40

---

① 幸德秋水（1871—1911），出生于日本高知县一个造酒、制药商家庭，原名传次郎。1886年离家出走前往东京，成为自由党领袖林有造的书童，入东京国民英学馆学习外文。两年后成为中江兆民的学生，颇受其自由民权思想影响。1892年毕业后，历任《自由新闻》《中央新闻》《万朝报》（转下页）

岁的幸德秋水被日本帝国以莫须有的"大逆罪"处死，理由是鼓吹社会主义思想并试图以无政府主义"直接行动"的方式暗杀天皇。这在日本近代史上被称为"大逆事件"，象征着从大正到昭和前期日本国家扼杀言论自由、镇压社会主义思想的"严冬时代"的到来。在我看来，帝国日本走向侵略战争，半殖民地半封建的中国迈向社会革命，朝鲜半岛成为殖民地，东亚三国现代史的开端均始于 20 世纪第二个十年前后，从这个角度来说，曾经关注中国社会主义发展和朝鲜殖民地状况的幸德秋水，其彗星般的出现就具有了远远超出日本一国的象征意义。换言之，我们不仅可以在日本社会主义思想的脉络里，还应该在东亚反帝反殖之社会革命的大背景下来解读幸德秋水，理解他的思想并认识其一生跨时空的象征意义。当然，他所批判的对象——帝国主义乃是一个 19 世纪末出现的世界性现象，因此我们还需回到其起源地欧美大陆霸权争夺的历史语境，以判定其批判的思想价值。

作为幸德秋水著作的最新中文译本，本书以《帝国主义》为主体，外加一编《倡言社会主义》而成。具体的编辑考虑容后详

（接上页）记者。1897 年开始参加"社会问题研究会""社会主义研究会"等。1903 年日俄战争爆发前因《万朝报》转向主战论，辞职并另行创办《平民新闻》，坚持反战立场。1904 年与堺利彦合译《共产党宣言》。1905 年因《平民新闻》一系列笔祸事件被捕入狱，半年后出狱赴美国养病。1906 年回国，逐渐转向无政府主义。1907 年 8 月受邀到东京中国人创办的社会主义讲习会（刘师培、张继代表）做题为"社会主义之组成部分的无政府主义"的讲演。1910 年因所谓"暗杀天皇"的"大逆罪"被捕，次年被处死刑。

述。这里先要指出，幸德秋水的帝国主义批判和社会主义宣讲是"破立结合"、一体两面的结构关系。批判的思想动力和逻辑依据来自对资本主义自由竞争制度的质疑，宣讲则是破旧立新，要以内含"资本公有"、民主平等与世界和平等诉求的新制度取代专制压迫、弱肉强食的帝国主义。也就是说，我们需要从社会主义理念出发来理解幸德秋水对造就帝国主义的必要条件——民族"爱国心"和军国主义所做的批判，同时从其对帝国主义兴衰的洞察去认识他追求社会主义的内在思想理路。实际上，20世纪前半叶也正是帝国主义疯狂征服世界而社会主义与之对抗并掀起社会革命的大时代。幸德秋水无疑是那种敏锐感应到时代精神而发声、而思考的时代之子。虽然他壮年即遭杀害令人扼腕，但其思想的种子一旦播下必将结出果实。我们在回顾20世纪日本思想史乃至东亚社会主义思潮的发展史之际，必定要追溯到《帝国主义》这部名著，也会记起幸德秋水这个传奇性的名字。

一 作为伦理批判的帝国主义论

一般认为，1870年代至1945年是世界史上的帝国主义时代。但是，霍布斯鲍姆更具体地将帝国的时代限定在1875年到1914年间，这自然有西方经济在1873年前后的萧条与之后的重振，民主政治的危机与列强称霸战争的频仍，以及资本输出与殖民政策在未曾有过的程度上扩散到全球等作为依据。霍布斯鲍姆在

《帝国的年代》第三章开篇指出："一个由开发或发展中的资本主义核心地带决定其步调的世界经济，非常容易变成一个由'先进地区'支配'落后地区'的世界，简言之，也就是变成一个帝国的世界。"而看似矛盾实则与帝国时代相配合的是，1875—1914年"在世界近代史上，正式自称为'皇帝'，或在西方外交官眼中配得上'皇帝'这个称号的统治者人数，……达到最大值"①。1914年大战的爆发则使西方"漫长的19世纪"所创造和享有的社会与文明发生了根本的改变。②

在霍布斯鲍姆的历史叙述脉络里，1914年以后的世界已然进入"极端的年代"。而此前四十年间帝国的年代，乃是欧洲资本主义登峰造极并开始走向"死亡"的阶段。这个阶段，经济上的资本主义"先进地区"支配着世界大部分的"落后地区"，政治上大国间的霸权争夺导致主权国家不论大小纷纷掀起建立帝国、领导者自称"皇帝"的运动，一时间各种"大××帝国"或"泛××主义"以及"军国民主义"、"铁血主义"、民族"爱国心"等成为世界各国竞相追逐的时代潮流。特别是在"1880—1914年，民族主义却戏剧化地向前大大跃进，而且其意识形态和政治内容也都发生了改变"。按照霍布斯鲍姆的解释，nationalism一词最早出现于19世纪末期，主要用来形容法国和

---

① 霍布斯鲍姆《帝国的年代》，贾士蘅译，中信出版社，2014年，第62—63页。

② 霍布斯鲍姆《帝国的年代》第13页。

意大利的右翼思想家群体,"这些群体激烈地挥舞国旗,反对外国人、自由主义者和社会主义者,而支持其本国的侵略性扩张,这种扩张行将成为这些运动的特色"①。而后,这个远比法国大革命以来出现的"民族原则"概念方便得多的"民族主义"词语,才逐渐用来形容所有要求自决权即国家独立的运动。正如历史学家所指出的,当时"一种传教士式的民族帝国主义思潮正在几乎所有当代国家勃兴:从泛斯拉夫主义,到法兰西人和不列颠人的使命意识,最后到美利坚人的扩张主义意识形态'天定命运'"②。

　　幸德秋水短暂的一生恰巧大体与这个疯狂至极的帝国主义时代相重合,他不仅在文明开化的明治时代中期强烈地体验到"民族帝国主义思潮"的兴盛,而且感受到中日甲午战争后新兴日本帝国褊狭的民族大国意识的膨胀,这是《帝国主义》一书诞生的特殊背景。这部著作之所以成为传世的名著,就在于作者能够参照欧美的自由平等博爱原则和社会主义思想,并结合日本与东亚的现实境况,从正义人道等社会伦理和人类蛮性发露等文化心理层面切入帝国主义的问题,以批判民族帝国主义"爱国心"为经,以批判军国主义国家策略为纬,一反那个时代主流舆论顶礼膜拜的滔滔言论,而针对弥漫于世界各地的大帝国迷思和"一种

---

① 霍布斯鲍姆《帝国的年代》第159—160页。

② 转引自特伦斯·鲍尔、理查德·贝拉米主编《剑桥二十世纪政治思想史》,任军锋、徐卫翔译,商务印书馆,2016年,第97页。

传教士式的民族帝国主义思潮"痛下针砭。可以说，幸德秋水在日本发出了帝国主义批判的第一声，其著作乃是一部东亚社会主义先导者的帝国主义论。

《帝国主义》一书的篇幅短小，逻辑结构简明清晰，又以抑扬顿挫的汉文调著成，具有相当的思想洞察力和语言感染力，这也是它影响一时而后成为经典的原因之一。该书由包括绪言和结论在内的五章构成，从辨析迷信、虚荣的民族帝国主义"爱国心"所掩盖的统治者政治野心切入论述，然后深入讨论军国主义政策在经济政治上的有百害而无一利，以及帝国主义扩张之移民和贸易需要说的荒谬无理，由此构成了一个主旨鲜明，论说逻辑层层递进，源自现实和历史的丰富论据徐徐展开，叙述语调不断趋向激昂慷慨的精湛文本。今天的我们重读这部著作依然会觉得它力透纸背、震撼心灵。幸德秋水在"绪言"中首先阐明了判断帝国主义优劣好坏的标准：

> 我坚信，社会的进步必有赖于真正的科学知识，人类的福祉必有赖于真正的文明道德。而其理想则在于自由与正义，其极致必然归于博爱与平等……帝国主义政策，最终能以此为根基和源泉而使社会迈向理想的极致吗？倘若这个主义真能为人类带来天国的福音，我心甘情愿为之策马扬鞭奋力前行。

> 然而，不幸的是帝国主义勃然盛行的原委不在科学知识

而是基于迷信，并非文明道义而是狂热，并非自由、平等、
博爱而是专制、邪恶、固陋和争斗。

以科学知识和文明福祉的人类普遍原则为基准，这预示了幸
德秋水的帝国主义批判的重心不在专业的经济学和政治学，而在
关乎道德文明的思想文化和社会心理方面，明显是一种伦理批
判。也因此，该书的第二章"论爱国心"成为全书的重中之重。
在幸德秋水看来，当时的帝国主义与古代的帝国不同，其发展轨
迹显示："帝国主义必定以所谓爱国心为经、以军国主义为纬，
以此形成其政策。至少，爱国心与军国主义是目前各国帝国主义
的共通条件。"也因此"判断帝国主义的是非利害，首先必须对
其所谓爱国心和军国主义加以检讨"。

需要指出，这里的"爱国心"与今日我们理解的爱国主义特
别是被压迫民族健全的民族主义不同，它主要是指霍布斯鲍姆所
言"激烈地挥舞国旗，反对外国人、自由主义者和社会主义者，
而支持其本国的侵略性扩张"那样一种当时流行的右翼民族主
义，即民族帝国主义思潮。所以，幸德秋水首先区分"爱国心与
人类普遍的恻隐之心、怀乡之念不同"，不似人类同情心、恋土
情结的自然发生，而是政治野心家、军人统治者等"为了一己的
利益、夸饰和虚荣"而煽动起来的国民动物本性的发露。例如，
英国的"爱国心"就是统治者蓄意挑起的对洋人夷狄的憎恶，目
的在于实现"举国一致"的对外战争和领土扩张。德国的好战则

出自虚荣心，"德意志的统一绝非源自正义的善意同情。跨过德意志国民的成山尸骨和成河血流，如枭雄野兽般所完成的统一大业，唯有煽动起对敌国的憎恨之心，只因为醉心于胜利的虚荣"。

这种为了一己利益和私欲而操控大众的政治手段，在当时并没有被大多数人识破，反而受到世界各国的赞美效尤，尤其是对俾斯麦治下的德意志帝国。在此，幸德秋水进而将批判的矛头指向日本的政治家："大勋位公爵伊藤博文也随声附和：鄙人也要做东洋的俾斯麦！以往均视英国的立宪政治为世界的光荣，如今心意所向忽然转向了普鲁士军队的剑柄。"不仅如此，他更根据中日甲午战争期间日本民族意识膨胀的现实，一方面痛心"日本人的爱国心至日清战争，其发展喷涌磅礴、登峰造极而亘古未有。人们侮辱、蔑视乃至憎恶中国人，其激烈程度难以用言语来形容，上至白发老人下至三尺孩童，大有誓将中国四亿生灵全部歼灭才甘心之念。坦白而言，这与其说近乎疯狂，不如说更接近虎狼之心，俨然与野兽类似"。另一方面尖锐地指出日本的政治家、军人叫嚣要扩充军备要建立大帝国，他们并非出于科学理性和人民福祉的考虑，而是为了满足一己的私欲私利和大国虚荣心。幸德秋水追问：他们"压榨国民的膏血以扩充军备，耗散生产性资本而消磨非生产性物质，这促成物价的飞涨而招来输入的过剩，却美其名曰为了国家。爱国心的发扬，靠得住吗？"

论述至此，结论已经昭然若揭："我相信，以上所述大概可以解释什么是所谓的 patriotism，即爱国主义或爱国心。实际上，这是一种野兽的本性、迷信、狂热、浮夸，乃至好战之心。"进步的康庄大道则在于要"排除迷信而掌握知识，除去狂热而坚持义理，减除浮夸而达到真实，去掉好战之念而回归博爱之心"。然而，现实的状况却是这种人为操作的虚假"爱国心"为列强各国迈向帝国主义提供了盲从的社会基础，军国主义政策则是其过渡的必要一步。《帝国主义》第三章，便从现实和历史两方面论述了军国主义的有百害而无一利，主攻方向依然是针对虚荣、好战的民族帝国主义之"爱国心"的伦理批判。幸德秋水认为，军备扩张的动机并不在于所声称的要建立大帝国以扬国威，而在于军人、资本家巧妙利用"爱国心"以实现虚荣和唯利是图的目的。"武人好事多玩弄韬略是为此，提供武器粮食等军需的资本家获万金巨利亦是为此……然而，武人与资本家的野心之所以能够得逞，其实就在于大多数人民虚荣、好战之爱国心的发作，给了他们可乘之机。"因此，他在逐一批驳所谓伟大的战争造就不朽的文艺，现代战争与古代决斗相同等谬论之后，明确指出军国主义和战争不利于社会文明的进步，反而是对文明的戕害。

《帝国主义》的第四章直抵正题，重点对"海外殖民必要说"和"贸易市场需求论"加以批驳。效仿英国和德国建设"大帝国"是当时世界各国趋之若鹜的目标，而实际上军备导致对内聚敛国家财富、搜刮民脂民膏，对外推行领土扩张、压制殖民地人民。但是，帝国主义者却声称这是因为国家发展人口膨胀而产生了向外移民的必要，因为经济发展内需饱和而需要开拓海外市场和原材料供给地。在此，幸德秋水列举事实材料说明，欧洲人移居海外并非出于人口膨胀导致的贫民增多，例如，英国1895年移民统计表明"赴本国殖民地的人数只有赴其他地区的人数的六分之一而已"。"这些移民怀抱着哪里有自由哪里就是故乡之念，而并不在乎其移居地是不是在本国的版图之内。"而经济发展导致内需饱和的问题，首先需要提高本国人民的购买能力，同时"禁止对资本的法外利益的垄断，必须使一般劳动的分配更加公平，而要使分配公平则必须根本改造现行的自由竞争体制……确立社会主义性质的制度"。总之，帝国主义是一种缺乏道德依据而有悖于科学知识和文明福祉的行径，为了不使这一潮流污染新的20世纪，必须改资本主义自由竞争制度为社会主义"共有"制度。故而，《帝国主义》结论部分提出如下改革方案：

> 那么，我们应该以何种计策应对此当务之急呢？这便是要进一步针对社会和国家实行大清扫，换言之，要掀起世界性的大革命运动，即变少数人的国家为大多数人的国家，变陆海军人的国家为农工商人的国家，改贵族专制的社会为劳动者共有的社会，改资本家强暴的社会为平民自治的社会。这样，才能使正义、博爱之心压倒褊狭的爱国心，才能使科学的社会主义歼灭野蛮的军国主义，才能使兄弟互助的世界主义扫除掠夺的帝国主义。

今天的我们，应该如何评价幸德秋水在 20 世纪开元之际对民族帝国主义"爱国心"的伦理批判，怎样认识他"使科学的社会主义歼灭野蛮的军国主义"这一立场的思想史意义呢？

我们知道，在帝国主义潮流波涛汹涌的 19 世纪末，反对之声虽有之，但整体系统的批判则要等到进入 20 世纪之后。实际上，自由主义和帝国主义这两股势力在 19 世纪末将世界整合为一个整体秩序。欧洲的自由派人士虽然标榜反帝的哲学，但所倡导的普世价值依然要靠帝国主义播散到全世界，他们当初并不反对海外殖民地，只是到了殖民地民族主义兴起后才转而同情之。而社会主义者对帝国主义的批判最初也只是指出某种形式的政治弊害，并没有提出系统的理论分析。到了第二国际和德国社会党的理论核心考茨基，虽然他曾试图从资本主义发展规律的角度来解释欧洲列强的海外殖民扩张，但直到 1898 年至 1902 年间他才开始用"帝国主义"这一术语描述英国背离自由贸易原则的行径，认为"正是反动精英助长了帝国政治和金融资本"[①]。而在稍后的《社会主义与殖民主义》（1907）中，考茨基才最终得以形成从资本集中、生产过剩、军备竞赛和殖民扩张等综合角度分析帝国主义的理论。

一般认为，进入 20 世纪，直接以帝国主义为论述对象而影响深远的著作，是英国经济学家霍布森的《帝国主义》（1902），

---

① 参见特伦斯·鲍尔、理查德·贝拉米主编《剑桥二十世纪政治思想史》第206 页。

以及受其影响但别有发现的列宁的《帝国主义是资本主义的最高阶段》（1916）。霍布森认为当代帝国主义与早期欧洲列强带有商业性质的扩张之间存在某种质的区别。他的理论核心是发达国家存在着一种总体性的消费不足，这种状况以及与之相伴的垄断市场和为剩余资本寻找出路的渴望，促使欧洲国家走向新帝国主义的疯狂道路。14 年后的列宁著作中有些观点与此相似，但两者的根本不同在于：霍布森认为帝国主义是资本主义所推行的政策，只有通过政府行为才能得到救治；列宁则认为资本主义体制是一切罪恶的渊薮，只有消灭资本主义才能消除帝国主义给世界带来的痛苦①，并由此提出"帝国主义是无产阶级革命的前夜"这一著名论断，为俄国乃至欧洲革命提供了理论依据。换言之，霍布森的论述从资本主义体制内部剖析了帝国主义发生的原因，属于一种经济学批判；列宁则从无产阶级革命的方面论证了走向帝国主义的资本主义必然灭亡的规律，属于一种政治批判。

如果从上述世界范围内的思想史脉络观之，幸德秋水著作的历史意义就会清楚地呈现出来。从时间上看，他的《帝国主义》最早出现在 20 世纪，而且是从正义、人道等社会道德以及大众心理层面出发，同时也涉及帝国主义政策和制度两方面，但主要还是以民族帝国主义"爱国心"——国家政治对大众心理的操控导致国民动物本性的发露为剖析重点，属于一种伦理批判。这与

---

① 参见特伦斯·鲍尔、理查德·贝拉米主编《剑桥二十世纪政治思想史》第102—103 页。

后出的霍布森经济学批判及列宁的政治批判，明显不同。当然，从逻辑辩证和体系森然的方面讲，幸德秋水的《帝国主义》远不如后两者的著作那样精湛而影响深远。但是，在民族帝国主义盛行一时而大帝国建设和殖民战争已经波及亚洲之际，他能够在新兴帝国日本内部发出反帝的第一声而影响及于东亚（《帝国主义》在中国的传播将在后面论及），的确意义非凡。

列宁在《帝国主义是资本主义的最高阶段》开篇提到一个重要信息：在最近十五年到二十年里，"新旧两大陆出版的经济和政治著作，愈来愈多地用'帝国主义'这个概念来说明我们这个时代的特征了"①。据旅日中国学者陈力卫考证，源自欧美"新旧两大陆"的帝国主义概念开始在日本流行，是在 1898 年前后。1899 年德富苏峰在《社会与人物》一文中使用"帝国主义"，称此概念创立于英国，后经美国传入日本，当时正成为日本政界人士的用语并多持褒义的解释。1901 年则是日本舆论中使用"帝国主义"一词频率达到高峰的一年，幸德秋水与浮田和民同时出版了有关帝国主义的著作。②这里提到的浮田和民（1859—1945），乃是活跃于明治末年和大正时期的政论家，曾任大众期刊《太阳》的主笔。他的《日本之帝国主义》（1901）、《伦理之帝国主义》（1909）两书主张"对外实行帝国主义，对内实行立

---

① 《列宁选集》第 2 卷，人民出版社，1972 年，第 738 页。

② 陈力卫《东来东往——近代中日之间的语词概念》，社会科学文献出版社，2019 年，第 372—378 页。

宪主义"，代表了明治末年帝国主义论形成阶段日本自由主义者
热衷的观点，也即主流社会的认识。与此相比，幸德秋水的《帝
国主义》毋宁说是凤毛麟角的异端批判之声，在甲午战争之后日
本民族主义高涨，政治家和一般国民正沉浸于"大日本帝国"建
设的狂热之中时，其振聋发聩的警世作用毋庸置疑。而从后来日
本以天皇制之"忠君爱国"意识形态操控国民的"爱国心"，最
终走上帝国主义殖民战争不归路的历史观之，幸德秋水以民族帝
国主义"爱国心"批判为经，以军国主义国家策略批判为纬所发
出的伦理批判，就具有了更为深远的思想史意义。至于其批判的
背后所隐含的社会主义理念，则在幸德秋水个人思想和东亚社会
主义思潮的传播过程中，又别有深远的历史意义。

二　东亚社会主义先导者及其与中国的关联

如前所述，幸德秋水既是日本最早的反帝反战斗士，同时也
是东亚社会主义思想的先导者。他曾自述成为社会主义者"在于
境遇与读书两方面。境遇包括生于土佐，幼时醉心于自由平等之
说，维新后见家族亲戚家道中落甚感同情，自己没有学资而痛
惜命运之不公；读书则有《孟子》、欧洲之革命史、兆民先生之
《三醉人经纶问答》、亨利·乔治《社会问题》及《进步与贫穷》，
这是我成为热心的社会主义者且对社会问题深感兴趣的原因。而
可明确断定'我成为社会主义者'的，乃在于距今六七年前读侠

弗雷《社会主义神髓》之际"①。就是说，自《帝国主义》出版前的 1898 年开始参加"社会主义研究会""社会主义协会"和"社会民主党"建党等一系列政治活动开始，个人境遇和所受东西方进步思想特别是欧洲社会主义思潮的影响，促使幸德秋水成为坚定的社会主义者。因此，不仅《帝国主义》一书的批判参照了第二国际特别是德国社会民主党如倍倍尔的思想理论，而且在同时期他还写作了一系列初步讨论社会主义制度原则和理想信念的文章，以《长广舌》（现译为《倡言社会主义》）为书名于 1902 年结集出版。可以说，接连出版的两书构成了一个理论上相互支撑、彼此对应的关系结构。这也是此次翻译出版幸德秋水的文字要将两书合为一编的缘故。

我们知道，幸德秋水社会主义思想的成熟之作是《社会主义神髓》（1903），而《倡言社会主义》则介乎《帝国主义》和《社会主义神髓》之间，是从现实批判走向思想建设的过渡。该书的特殊意义就在于它不仅是帝国主义批判的理论基础和破旧立新的替代方案，同时又是后来走向成熟的《社会主义神髓》的雏形，对于我们认识幸德秋水的思想发展，包括批判与建设两方面均有价值。当然，"雏形"也就意味着《倡言社会主义》并非体系完整的专著，实际上乃是 1898 年至 1901 年间一系列时事评论文章的结集。但其中，值得注意的是从第一篇《19 世纪与 20 世

① 幸德秋水《我是如何成为社会主义者的？》，载于 1905 年 1 月 17 日《平民新闻》。

纪》到第七篇《帝国主义的衰败趋势》均写于 1900 年，如它们的副标题所显示的，这明显是一个讨论社会主义的"实质""理想""急需""适用"和"大势"的具有整体性的系列文章。《19 世纪与 20 世纪》大致相当于这个系列写作的绪言，在肯定 19 世纪个人自由主义战胜贵族专制主义之历史意义的同时，更点明了社会主义乃是 20 世纪人类发展的大势：

> 盖随着交通运输的发达和文明普照范围的扩大，世界的生活、利害、物价、知识、道德将渐趋平均化，这是自然而然的大趋势。欧洲的政治家将无法独自夸耀其武力，欧美的资本家也无法从东洋的劳动者身上获得廉价的利润。在霸凌之心转向博爱，竞争的手段朝向共同的目的，政治上的自由主义转向国民主义，国民主义转向帝国主义，帝国主义再转向世界和平主义的同时，经济及社会上的自由竞争主义走向资本家联合主义，资本家联合主义再进而走向纯粹的世界社会主义，则是显而易见的趋势。这样，人类文明进步的历史或将最终告成。

这个作为"大势"的世界社会主义，其"实质"并非一般所传言的只有暴力革命的破坏，而是社会进步和改革在 20 世纪的必然归结；其"理想"是要废除金钱至上、财富不均而实行平等、公正的分配原则；其"急需"（现实目标）是先要解决贫困而后才有教育、宗教问题的解决，社会主义乃是实现勤俭生产和公正分配的一套实际计划；其"适用"（制度改革）是改现行的资本主义自由竞争制为社会主义共有制（社会主义并非要消灭资本家而是要铲除资本的私人占有）；其"大势"则是社会主义必然取代帝国主义，社会主义大理想的发生根源于帝国主义的弊害和厄运，而后者的恶赋予前者以善的性质。结论是，除了社会主义没有救世的办法！在此，幸德秋水已经具体涉及了社会主义思想的基本方面，包括平等的理念、生产分配制度的变革、公有制的建立、社会主义取代帝国主义的愿景展望等。如果我们将此与《帝国主义》结合起来阅读，则其原则立场和思想先进性就能得到更好的理解。

而在了解了《倡言社会主义》后再去阅读两年后出版的《社会主义神髓》，则其思想的发展特别是马克思主义唯物史观和政治经济学批判的直接运用所带来的理论上质的飞跃，就更加清晰可见了。在《帝国主义》和《倡言社会主义》中，幸德秋水虽然提出用社会主义"共有制"取代资本私人占用的现行制度，但还没有明确地采用唯物史观和政治经济学批判的观点。到了《社会主义神髓》特别是其中的第三章，则不仅援用了马克思《政治经济学批判导言》的公式，说明各个时代的经济由生产和交换方式的变化而有不同的社会形态，同时还参照《共产党宣言》和《社会主义从空想到科学的发展》等，来阐发阶级斗争、产业预备军、剩余价值、经济危机以及资本主义制度总危机等问题。因

此，《社会主义神髓》得以成为日本乃至东亚最早的基于科学理
论的社会主义思想范本。一如平野义太郎所言，也因此幸德秋水
能够得出结论——社会主义一方面是民主主义，另一方面又意味
着伟大的世界和平主义，这成为"本书最出色的名言"①。

人们常言，社会主义是无国界的。正如资本在近代跳出民族
的藩篱而扩散到全球一样，与之相抗衡的社会主义自诞生以来
便在谋求超越民族和国家的世界性连带。幸德秋水上文中提到
的 20 世纪人类将"走向纯粹的世界社会主义"，应该就是这个意
思。实际上，在继《帝国主义》《社会主义神髓》出版后又与堺
利彦共同翻译《共产党宣言》的 1904 年左右，走向成熟社会主
义者的幸德秋水已开始放眼世界而谋求国际社会主义的联合。这
里，有必要对他的世界社会主义观念和如何最终成为东亚社会主
义思想先导者，包括他后来转向无政府主义及其著作的中文翻译
传播过程等问题，略做回顾。

幸德秋水与堺利彦合译《共产党宣言》无疑是一个历史性的
事件，它一经出版便成为一个流传甚广的经典译本，但在日本国
内却受到打压，译文最初在《平民新闻》上连载，刊物随即遭
到政府的查封并提起诉讼。1905 年 1 月，世界各国的社会党就
此向日本政府提出了抗议。②这恐怕是促使幸德秋水产生与世界

---

① 参见平野义太郎《社会主义神髓》"题解"，马采译，商务印书馆，2011 年，
　第 73 页。

② 参见平野义太郎《社会主义神髓》"题解"第 70 页。

社会主义者连带的一个重要契机。1904 年，在日俄战争即将爆发的时刻，幸德秋水曾发表《与俄国社会党书》[①]，开篇便曰"呜呼，俄国的同志、兄弟姐妹，我等虽与诸君天涯海角至今不得聚集一堂开怀畅谈之机，但认识和想念诸君久矣"。进而强调日俄之间并非仇敌，帝国主义、军国主义才是我们共同的敌人。日俄社会主义者将摈弃人种、地域、国籍的差别，以非武力的和平方式为手段，秉持 1870 年普法战争之际国际工人协会的决议精神，共同努力以实现马克思"世界无产者联盟"的理想。

然而，由于《平民新闻》发生一系列笔祸事件，主笔幸德秋水于 1905 年被捕入狱，这直接促成他当年出狱后的赴美养病。已有日本学者指出，日俄战争爆发前，从反战立场出发，幸德秋水开始关注俄国革命，并逐渐清楚了俄国社会民主党和社会革命党的区别。而 1905 年赴美养病成为其转向无政府主义的主要契机。在美国他接触到俄国革命党弗利兹（Fritz）夫人，受其影响进一步倾向于继承民粹派传统而倡导暴力革命的社会革命党的思想，开始从早年的以法国大革命为模型、中年的以德国社会民主党为榜样转到以俄国革命为变革模式。在美国期间他参与组建日本"社会革命党"，在其宣言、纲领和党规中，劳动价值说和国际主义成为强调的重点。[②] 我们知道，19 世纪后期社会主义思想

①　载于 1904 年 3 月《平民新闻》第 18 号。
②　参见飞鸟井雅道《〈幸德秋水集〉解说》，收"近代日本思想大系 13"《幸德秋水集》，筑摩书房，1975 年。

内部出现众多派别，其中倾向于集体权力的走向国家社会主义，以德国社会党和第二国际为代表；倾向于个人自由的走向无政府社会主义，以俄国的民粹派和西班牙、意大利、法国的工团主义为主。但需要明确指出，这种分歧依然是世界社会主义思潮内部的分别，无政府主义也还是社会主义的一支。访美归来的幸德秋水开始转向，并在与日本社会党出现分歧而另组"金曜会"的同时，开始将目光转向亚洲特别是中国，以期实现无政府社会主义的联合。

且看，1907 年幸德秋水由关注中国革命进而对亚洲社会主义大联合的展望：

> 目光转向支那。汉人绝非"濒死的病人"。"沉睡的狮子"眼下正欲觉醒。文明的输入，一方面促进了国民的自觉，另一方面同时培养了民主思想、权利观念、革命思想，中等阶层的弟子竞相投身革命运动，其状况正与 1860 年代俄国革命运动的初期相仿佛。而留学法国及日本的学生乃至亡命的革命党青年，他们已经不满足于最初的驱逐鞑虏、恢复中华、开创宪政或共和政治，更进而不能不主张民生主义即社会主义，其中尤其进步者甚至开始热心倡导共产的或者个人的无政府主义，不断把数万册的杂志等秘密运往国内。如此这般，在不远的将来支那必将成为世界革命史上的第二个俄国，只要稍有见识当对此坚信不疑。

印度的独立运动这三四年来骤然加剧……菲律宾人、安南人、朝鲜人当中有此气概且有学问的革命家，也绝不在少数。他们的运动在局限于一国的独立、一民族的团结期间，其势力还远远不足为道。然而，如果东洋各民族的革命党，他们眼中没有国家和人种的区别，直接在世界主义、社会主义旗帜下最终形成大联合，那么 20 世纪的东洋必将成为革命的天地。[①]

就在这篇文章发表的大半年前，相继来到东京的中国革命党人章太炎、刘师培夫妇等，因与孙中山旧同盟会发生分歧而将目光转向日本的社会主义。于是，也有了这些中国"新思想家"试图向幸德秋水请益并联手推动社会主义思想的意愿。1907 年 3 月经北一辉介绍双方结识，最终幸德秋水与章太炎、张继等共同组建了"亚洲和亲会"。[②] 我认为，1860 年代第一国际成立以来的无产者无国界的国际主义精神，始终是幸德秋水反帝反战、追求社会主义的思想基石，他对以德国社会民主党为核心的第二国际的关注，对日俄战争爆发前俄国社会党的连带诉求，均是这种无产阶级国际主义精神的体现。在这个意义上，他与在东京的中

[①] 幸德秋水《病间放语》，载于 1908 年 1 月 1 日《高知新闻》。

[②] 参见王汎森《中国近代思想与学术的系谱》，上海三联书店，2018 年，第250 页。

国无政府社会主义者等的交往，使其著作迅速被翻译成多个中文版本，由此成为东亚社会主义思想的先导者，也就不难理解了。1907 年 8 月 31 日，幸德秋水应邀到刘师培、张继为代表组建的"社会主义讲习会"第一次会议上作《社会主义之组成部分的无政府主义》的讲演，热切表达了与中国密切合作的愿望：无政府主义视世界为一个整体，超越国界超越民族，因此将来必将盛行于世界；而中日两国地理相近，如果各位中国朋友相信无政府主义，今后两国国民可以相互扶助联手运动；通过强固的联合以推进无政府主义的实行，这是很早以前他就有了的强烈愿望。[①]讲演之后，他还撰文希望日本能够成为中国青年革命党的"养成所"。[②]

实际上，自 1901 年《帝国主义》刊行以来，幸德秋水就受到在日中国人的持续关注。他的著作每有出版几乎同时就出现中文译本，有的甚至是多个译本。例如，《帝国主义》出版次年，就有赵必振译、上海广智书局的译本出现；《长广舌》（《倡言社会主义》）出版一年后，便有以《社会主义长广舌》为书名的译本由上海商务印书馆译印。而影响最为广泛的《社会主义神髓》

[①]　此讲演录原为中文，载于 1907 年《天义报》第 7 期。日文版由狭山植树翻译，收入"近代日本思想大系 13"《幸德秋水集》，筑摩书房，1975 年。

[②]　幸德秋水《东京的社会运动（第二封）》，载于 1907 年 9 月 20 日《大阪平民新闻》第 8 号。

（1903），则至少有四种中文译本在日本和中国刊行。① 另据学者考证，1906 年幸德秋水与堺利彦创办《社会主义研究》杂志，并在创刊号上全文刊出《共产党宣言》的日文译本，而中文版最早的两个译本（1908 年民鸣译《共产党宣言》第一章，载于《天义》第 16—19 合刊号；1920 年陈望道译本，由上海社会主义研究社出版）均依据此日文版。②

我们知道，社会主义思想传入中国有两个路径，一个是俄国渠道，另一个是日本渠道。欧洲虽然是社会主义的发源地，但在俄国十月革命前其向东亚的传播主要依靠日本渠道。其中，幸德秋水的著作及其《共产党宣言》日文译本所发挥的巨大作用、所产生的深远影响，是无可估量的。他仿佛一道曙光，在 20 世纪的最初将社会主义思想带给东亚。正如《社会主义神髓》第四个中文译本的译者、《东方杂志》主笔杜亚泉所言，幸德秋水是"东亚社会主义之先导者"！而在斯人 1911 年被帝国日本所杀害的次年，杜亚泉推出这个中文译本的连载，明显具有缅怀的含义。其"译者记"，更透露出社会主义思想对中国乃至东亚的冲

---

① 参见巩梅《20 世纪初〈社会主义神髓〉的四个汉译本》（载于 2020 年 2 月 5 日《中华读书报》），这四种中文译本分别为：①中国达识译社翻译，同译社 1903 年 9 月出版；②蜀魂翻译，乐群编译社 1907 年 2 月出版；③创生（谭其茳）翻译，奎文馆书局 1907 年 3 月出版；④高劳（杜亚泉）翻译，1912 年 5—9 月商务印书馆《东方杂志》第 8 卷第 11—12 期、第 9 卷第 1—3 期连载。其中，前三种译本在日本出版，第四种则在中国杂志发表。

② 陈力卫《东来东往——近代中日之间的语词概念》第 221 页。

击以及遭人误解的处境。全文如下：

> 社会主义，发达于欧美，渐暨于东亚。崇拜之者，称为人类幸福之源泉；非难之者，目为世界危险之种子。幸福乎？危险乎？吾人所不敢言，亦不能言，以吾人对于此主义，未尝加以研究故也。夫以为幸福耶，则此主义固有研究之价值；以为危险耶，则此主义更不可不为研究之准备。幸德秋水氏，固东亚社会主义之先导者。今译此著，非将以此造幸福于吾人，亦非敢以此贻危险于社会。第以此供世人之研究，知其幸福之如何，明其危险之安在而已。抑吾更有进者，自社会主义盛而社会政策兴。社会政策者，本源于社会主义，而趋其幸福避其危险之政策也。吾人苟知社会主义之真髓，而知社会政策之不容缓，则其关系于中华民国之前途，岂浅鲜哉？[1]

然而正如王汎森所指出，20 世纪初社会主义一度被无政府主义的影响力所超越，而"五四"之后俄国革命的影响又使得社会主义超过了无政府主义。[2]因此，后来成为无政府社会主义者的幸德秋水，其对中国的影响也随着这一大势的出现渐趋减弱。

---

[1] 杜亚泉《社会主义神髓》"译者记"，载于 1912 年 5 月《东方杂志》第 8 卷第 11 号。

[2] 参见王汎森《中国近代思想与学术的系谱》第 263 页。

"五四"以后，欧洲特别是俄国渠道的社会主义成为在中国传播的主流。

三　再谈民族帝国主义"爱国心"问题

在阅读相关文献过程中，有两个信息引起我的注意。一个是通过王汎森的文章了解到，"金曜会"的成员片山潜和山川均在"社会主义讲习会"中扮演了重要角色，而幸德秋水本人反而并未密切参与讲习会的活动。王汎森的解释是，为躲避日本警察幸德秋水此时正遁居于故乡土佐的一个村庄。查其《年谱》（飞鸟井雅道编），确有在讲习会讲演后的 1907 年 10 月至次年 7 月归乡养病的记述。但是，另一条来自日本学者竹内实的信息则称，章太炎不怎么喜欢幸德秋水，曾训斥他的弟子们不要接近他。[①]我以为，这两条信息虽然在原因解释上不一样，但都透露了一个事实，这就是，对世界社会主义联合充满期待的幸德秋水，在参与"亚洲和亲会"的创立之后并没有与中国的"新思想家"们发展出更为亲密的关系，如宫崎滔天、北一辉与孙中山、宋教仁等革命党那样。如果追究更深层的思想原因，恐怕就要回到幸德秋水在对民族帝国主义"爱国心"批判之际没有意识到民族主义、爱国主义的复杂两面性的问题上来。如前所述，在 20 世纪

---

① 竹内实《草根中国》，载于《宫崎滔天全集》月报。

初的世界各地，民族帝国主义是波涛汹涌的主流，但也存在着被压迫民族争取独立解放的健全民族主义存在，列宁在 1913 年所作《亚洲的觉醒》《落后的欧洲与先进的亚洲》就曾在印度、中国反抗殖民的斗争中看到了亚洲民族解放运动所蕴含的社会革命契机。而两次世界大战期间帝国主义战争导致广大被压迫地区的民族独立和殖民地解放的大潮出现，则已经证实民族主义"爱国心"也可以成为解放和革命的原动力，并具有历史合理性和伦理正当性。当然，我们并非要以后见之明去责怪幸德秋水的"爱国心"批判，而是从今天如何阅读和理解《帝国主义》这个历史性文本的角度出发，提出民族主义"爱国心"具有两面性的问题，以加深对历史正义的认识。

实际上，"二战"以后随着幸德秋水研究的深入展开，日本学人在充分肯定其反战、民族帝国主义批判的不朽历史意义的同时，也对其"爱国心"认识的局限提出过质疑。这些学人正是在 1950 年代亚洲民族独立和殖民地解放形成新的民族主义典范这一大背景下，产生了这样的问题意识。其中一些观点，足供今天的我们参考。例如，马克思主义历史学者石母田正曾作《幸德秋水与中国——关于民族和爱国心的问题》（1952），明确指出幸德秋水未能实现与中国清末革命家联合的思想原因，在于他对被压迫民族要求解放的问题认识不足，尤其基于阶级论而对帝国主义"爱国心"的全面批判导致他追求无政府社会主义的直接实现，对中国人期待建立独立的民族国家的欲求未能表示同情。

从石母田正的文章中我们了解到，战后不久有竹内善作和冈崎精郎等曾发表有关幸德秋水与中国革命问题的论文，特别是冈崎精郎《幸德秋水的东方问题》[①]一文，详细总结了幸德秋水批判帝国主义列强对中国等亚洲地区的殖民政策和日本侵略战争的革命立场。石母田正对此完全认同，认为明治时代能够产生这样的思想家乃是日本人的骄傲。但同时，结合战后学界重新思考"民族问题"的现实，对幸德秋水"爱国心"批判的某种偏颇也提出了质疑。第一，幸德秋水对殖民地国家的民族独立要求缺乏关注和同情。例如，他预见到了俄国革命之后中国将成为世界革命的中心，并正确地指出了民族独立如果不与社会革命及世界主义相结合将走向褊狭的民族主义。但是，他没有意识到殖民地解放对中国来说是更为重要的，这种忽视将使世界革命无法吸收民族资产阶级的力量。第二，幸德秋水参加"亚洲和亲会"但与其中的中国革命家并不融洽的现象，显示他的无政府社会主义立场妨碍了其对中国人反帝爱国、要求独立愿望的理解，他对待朝鲜问题的态度也未能获得科学的理论把握。第三，日本的早期社会主义者及无政府主义者轻视民族问题的更根本原因，在于他们所依靠的第二国际本身就没有意识到殖民地解放运动的世界史意义。幸德秋水反战的世界主义是了不起的，但带有抽象和空想的倾向。直到1921年共产国

[①]　载于《历史学研究》第145号，1952年。

际第二次大会通过《关于民族及殖民地问题纲领》才解决了社会主义运动与民族独立统一战线的关系问题。而次年诞生的日共，则据此获得了对中国革命的正确认识。第四，《帝国主义》批判的伟大功绩值得肯定，但作者未能把自然发生的爱国心与排外的民族主义区分开来，未能用阶级分析的观点揭露统治者对国民的操控，未能如列宁《大俄罗斯人的民族自豪感》（1914）那样，把"爱国心"从帝国主义的操控下夺过来而汇聚到社会主义旗帜下。因此，幸德秋水对中日甲午战争后民族主义膨胀的日本国民感到失望，但只是批判"爱国心"被帝国主义利用的一面，却没有像福泽谕吉那样把握到健全爱国心的存在，这当然是时代的不同所造成的。①

　　石母田正多方面的深入分析，所依据的是"一战"以来的民族不分大小一律平等和自决权的思想理论，包括"二战"前共产国际为抵抗德意日法西斯主义而提出的肯定民族主义之人民阵线原则，同时也受到了 1950 年代亚洲民族解放大潮的现实启发。因此，他得以看到民族"爱国心"健全合理的一面，而对幸德秋水不免偏于一端的批判进行了反思。到了 1970 年代则又有松本建一发表《幸德秋水与北一辉》（1974）一文，延续石母田正的思路而做出更加具体的阐述。他认为，由于明治时代"社会"的不成熟导致社会主义思想迅速分化为国家主义和无政府主义，却

---

① 参见石母田正《幸德秋水与中国》，收《历史与民族的发现——人间、抵抗、学风》，东京大学出版会，1953 年。

没能从内部催生出共产主义的基础。堺利彦和幸德秋水更关注的是"社会主义讲习会"而非章太炎等革命派。《帝国主义》批判背后的追求是社会主义理念，而其社会革命的理想在于通过世界范围内革命党的联合，把由于否定国家而出现的个人无政府状态世界化。因此，幸德秋水期待中国未来有无政府主义党的出现，他否定执着于民族立场的民族主义，希望直接达成基于阶级立场的国际社会主义。他认为通过各国无政府主义革命党的联合，世界革命的成功是可能的，中国的革命运动也应沿着这个方向迈进。因此，幸德秋水虽然加入了"亚洲和亲会"，却对中国革命者的民族解放和独立斗争评价不高，这种超然的态度让中国人和朝鲜人不满，章太炎的态度就是显著的例子。①

以上日本学人或者从 1950 年代世界范围内反帝反殖和民族解放的大背景出发，或者从中日两国社会主义思想发展的差异来思考，对幸德秋水 20 世纪初的民族帝国主义"爱国心"批判及其与中国革命家之间的隔阂提出的学理上的反思，具有重要的思想意义。因为，今天我们依然面临着这样的问题，即民族主义"爱国心"是一把双刃剑，它既可以成为被压迫民族实现独立和解放的原动力，推动民族国家的建构并走向文明进步，也可以成为大国统治者和野心家操控大众的政治手段，从而走向帝国主义的压迫和战争。民族主义是一种复杂的人类情绪的发露，它难以

---

① 参见松本建一《幸德秋水与北一辉》，收竹内好、桥川文三编《近代日本与中国》上册，朝日新闻社，1974 年。

为清晰的思想意识形态所规定和掌控，往往容易走向事物的极端和反面，成为民族自我中心主义乃至大国沙文主义的助推器。民族主义自 19 世纪诞生以来，其正反两个方面的发展足以提醒我们，必须对此保持理性的判断和科学的认识。"二战"后日本学人的思考为我们提供了理解民族主义正当性的参照。同时，幸德秋水对民族帝国主义的深刻批判，也可以让我们从起源上认识"爱国心"褊狭与非理性的一面。这也正是我们今天重新阅读其《帝国主义》的深远意义所在。例如，留日期间的中国作家鲁迅曾作《摩罗诗力说》（1908），其中曾援引勃兰兑斯的观点，批评普希金为向外扩张的沙皇俄国辩护，称其诗作"虽云爱国，顾为兽爱"。而对被侵略一方的波兰，其诗人讴歌民族独立的爱国主义则值得赞扬。[1] 作为幸德秋水的同时代人，鲁迅对俄国文学中"兽性之爱国"的批评，或许可以为我们理解《帝国主义》的深远意义提供一个有益的注脚。

最后，我想再回到幸德秋水的《帝国主义》和《倡言社会主义》本身，从 20 世纪日本思想史的角度对其意义价值再做些思考。我认为，大概可以用源自 19 世纪的一般的种族文明论和 20 世纪初传入的广义社会主义思想，来分别概括日本战前与战后两个阶段的主流思潮，但实际上两者往往是交叉并进、彼此渗透且前后贯通，构成了 20 世纪日本人思考国家民族进路及个人与社

---

[1]　参见《鲁迅全集》第 1 卷，人民文学出版社，1981 年，第 88—96 页。

会建构的主要依据。种族文明论为民族主义和右翼国家主义提供了理论源泉，社会主义思想则推动了各种左翼进步势力的改革实践。而两种主流思潮的交叉对抗又激荡出种种不同的观念学说和思想派别，由此形成了现代日本思想的丰富内涵。幸德秋水在20世纪开元之际横空出世，作为日本乃至东亚社会主义（包括无政府主义）思想的先导者，通过深度批判源自种族文明论的民族帝国主义并公开宣讲追求民主和世界和平的社会主义，以《帝国主义》和《倡言社会主义》等著作在思想的地图上画出了一条清晰的抵抗线，由此成为20世纪日本思想史中的第一块界标。他的思想虽然在"二战"前被日本帝国扼杀，但思想的种子一旦播撒就必定结出丰硕的果实。如前所述，战后日本知识者通过反思实践而有效地继承了幸德秋水的思想遗产，其帝国主义批判和社会主义追求也将为历史所铭记。

四 编译说明：底本、参考文献及解说

此次编辑、译介幸德秋水的著作，以《帝国主义》为主体外加一编《倡言社会主义》，实际上是作者20世纪之初相继刊行的两本著作的合集，但书名依然沿用1901年版的"20世纪之怪物帝国主义"。采取这样的编译方式，出于以下两点考虑。

第一，如以上"译者解说"所述，《帝国主义》一书为幸德秋水第一部作品且已成为传世的名著，它的诞生处在20世纪开

元的位置上，无论在日本还是在东亚思想史上都具有重要的象征意义。而两书虽然分别出版于 1901 年和 1902 年，但写作的时间却是完全重合的同时期作品，从内容上讲更具有思想理论上的相互支撑、彼此对应的结构关系，作为反题的帝国主义批判建立在作为正题的社会主义理念基础之上。两部著作放在一起对读，可以更好地理解幸德秋水的思想立场和所追求的目标。

第二，幸德秋水的几乎所有著作早在问世的当时就受到中国人的密切关注，并不断有翻译介绍，甚至一种著作有多个译本，但这是 1949 年前的情况。中华人民共和国成立后商务印书馆组织重译《社会主义神髓》（1963）和《基督何许人也》（1982），并陆续列入"汉译世界学术名著丛书"，因而使之得以广泛流传。然而，幸德秋水最早的这两部作品却始终没有新译出版，而旧译是清末民初半文半白的文体，且不说内容上的翻译是否准确，仅就文体来说也已不适合今天的读者。因此，有必要将这最初的两书合二为一推出新译。

此次翻译，以《帝国主义》的警世社初版和《倡言社会主义》的人文社初版为底本，同时参照了东京明治文献社版《幸德秋水全集》（1972）和筑摩书房版"近代日本思想大系 13"《幸德秋水集》（飞鸟井雅道编，1975）。中文的旧译本，我找到了光绪二十八年即 1902 年由赵必振译、上海广智书局印行的《20 世纪之怪物帝国主义》，及 1903 年由上海商务印书馆译印的《社会主义广长舌》，但客观地讲它们对此次新译并没有什么帮助，因为那时的翻译不求信达雅甚至随意改写。反倒是日本光文社古典新译文库的现代日语版《帝国主义》（山田博雄译，2016）给我不小的帮助，参阅此书不仅可以对幸德秋水那明治时代半文半白的汉文腔文体有更通透的理解，而且日语中外来语的现代拼法包括人名地名等固有名词的准确所指都得到了落实，实在使我受益匪浅。飞鸟井雅道编《幸德秋水集》，其书后所附的补注、年谱和解说也多有参考价值。总之，没有上述基本文献资料作为参考，这次的翻译是不可能顺利完成的。

另外，出于一般读者阅读方便的考虑，我没有采用半文半白的中文来对译幸德秋水的文本，而是用通俗易懂的规范现代汉语译出。虽然不能惟妙惟肖地传达出受汉文熏陶的幸德秋水那东洋儒者、仁人志士气质的"节义文章"风骨，但相信对其著作内容的理解会有益处。书中所附注释均为译者所加，主要是针对东西方人名地名等固有名词略作解释，若有不当、错误等，责任在译者一方。另外，《倡言社会主义》中的文章编号为译者所加。对于我来说，翻译明治时期这种半文半白的文体还是第一次，时有内心忐忑如履薄冰之感。译文的错漏疏忽之处自然难免，还望学界方家和广大读者批评指正。

赵京华

2022 年 7 月 10 日

于北京太阳宫寓所